西田幾多郎　生成する論理

生死《しょうじ》をめぐる哲学

氣多雅子
Keta Masako

慶應義塾大学出版会

西田幾多郎　生成する論理　目次

序　西田幾多郎と同時代の読者たち　3
第一章　意識と論理のあいだ――西田哲学の原点　17
第二章　矛盾を包むものの追究――場所の論理　41
第三章　私は私に於てある――自覚と自己　77
第四章　迷える自己が見えてくる――一般者の自覚的体系　107

第五章　裏から表を見る――絶対無の自覚　141
第六章　世界の方から考える――弁証法的世界　175
第七章　生か死か――絶対矛盾的自己同一　207
終章　現代世界における哲学と生死の問題　237
西田幾多郎著作略年表　253
あとがき　257
人名索引　*5*
事項索引　*1*

西田幾多郎　生成する論理——生死《しょうじ》をめぐる哲学

序　西田幾多郎と同時代の読者たち

1　西田幾多郎の生涯

西田幾多郎は一八七〇（明治三）年に現在の石川県かほく市（旧河北郡宇ノ気村）に生まれた。金沢の第四高等中学校に進むが、中途退学を余儀なくされ、帝国大学文科大学哲学科の本科ではなく選科に入学した。選科生であったことで、西田は屈折した思いを抱いたようである。帝大卒業後、金沢に帰り、石川県能登尋常中学校七尾分校教諭、その後第四高等学校講師となり、一時期、山口高等学校に移るが、再び四高の教授に戻るなど、教員生活は屈曲し、いろいろと悩みが多かったことが当時の日記や書簡からうかがえる。教員生活の傍ら参禅を続け、三十三歳のとき京都大徳寺孤篷庵広州老師に参禅して「無字の公案」を透過するが、そのときの日記には「されども余甚悦ばず」と記されている。三十九歳（一九〇九〔明治四二〕年）のときに学習院教授に転任し、翌年京都帝国大学文科大学助教授に転任、五十八歳で定年退職するまで勤め上げる。彼の代表的著作は退職後に多く発表されたものであり、七十五歳（一九四五〔昭和二〇〕年）で亡くなるまで研究活動は止むことがなかった。

2 『善の研究』と倉田百三

最初の著作『善の研究』は、京都に移った翌年、一九一一年四十一歳のときに出版された。この書は西田の著作のなかで圧倒的に有名であるが、最初から一般の人々に広く読まれたわけではなかった。多くの読者を得るようになったのは、第二版（一九二一年）が刊行され、倉田百三（一八九一―一九四三年）が『愛と認識との出発』で西田を取り上げたあたりからである。

倉田は旧制高等学校の学生の間で大いに人気のあった作家であり、彼の『愛と認識との出発』は阿部次郎（一八八三―一九五九年）の『三太郎の日記』と並んで、いわゆる大正教養主義の代表とされる著作である。その序文には、倉田が自分の青春の記念碑として、また自分の後に青春を送る若者たちへの贈り物としてこの書を書いたということが記されている。「いかなる態度をもって生きていくべきか」ということについての懊悩がいかにも当時の哲学青年らしい感傷と客気《かっき》に彩られた文章で綴られており、そのなかに西田幾多郎の『善の研究』が取り上げられている。

西田を紹介する最初の文章を引用しよう。

> この乾燥した沈滞したあさましきまでに俗気に満ちたるわが哲学界に、たとえば乾からびた山陰の痩せ地から、蒼ばんだ白い釣鐘草の花が品高く匂い出ているにも似て、われらに純なる喜びと心強さと、かすかな驚きさえも感じさせるのは西田幾多郎氏である。

氏は一個のメタフィジシャンとしてわが哲学界に特殊な地位を占めている。氏は radical empiricism の上に立ちながら明らかに一個のロマンチックの形而上学者である。氏の哲学を読んだ人は何人も淋しい深い秋の海を思わせらるるであろう。[2]

この後、倉田は『善の研究』の内容をかなりの紙数を割いて「一定の方針の下に叙述」する。「一定の方針」というのは「valuation ではなくして exposition」の態度でということであり、次のように言う。

私らは哲学の批評に関して芸術的態度をとりたい。人を離れて普遍的にただその体系が示す思想だけを見たくない。興味の重点をその体系がいかばかり真理を語れるかという点にのみおかずして、その思想の背後に潜む学者の人格の上にすえつけたい。古来幾多の哲学体系は並び存して適帰するところを知らない。もし哲学をただ真理を聞かんがためのみに求むるならば、かくのごときは哲学そのものの矛盾を示すというような非難も起こるであろう。しかしながら哲学はその哲学者の内部生活が論理的の様式をもって表現された芸術品である。その体系に個性の匂いが纏うのは当然のことである。私は西田氏の哲学を、氏の内部生活の表現として、氏の人格の映像として見ることに興味を感じて読んだのである。また氏の哲学ほど主観の濃く、鮮やかに、力強く表われたものはあるまい。『善の研究』は客観的に真理を記述した哲学書というよりも、主観的に信念を鼓吹する教訓書である。[3]

ここに、倉田の『善の研究』の読み方がはっきりと宣言されている。そして、『愛と認識との出発』を読んで『善の研究』を手にとった者たちが、倉田と同じようにこの書を「主観的に信念を鼓吹する教訓書」と読んだであろうことは容易に推測される。

だがこれは『善の研究』に限ったことではなく、また倉田に限ったことではない。明治・大正・昭和初期の時代に哲学書を手に取るような人は、一般に、哲学は人生如何に生きるべきかを教える学問であり、哲学書は人生の指針と教訓を与えてくれるものと考えたと言ってよいであろう。『愛と認識との出発』には、イエス、親鸞を始めとしてマホメットや仏陀やトマス・ア・ケンピスなど多くの宗教者の名前が登場し、西田やショーペンハウアーやウィリアム・ジェイムズの思想を論ずるのと同じような態度で、彼らの宗教思想が論じられている。さらには、トルストイやドストエフスキー、ウィリアム・ブレイクなどの文学者の思想も扱われている。それらはいずれも思想として同列に置かれていると言える。思想ということの中に特定の宗教の立場は溶融され、宗教の事柄が特定されるときには「宗教的意識」の問題というような形をとる。領域の区別なしに一切の思想が「人生如何に生きるべきか」という問いへと差し向けられ、押し詰められる。そして、そのように押し詰められた極点が宗教という事象と見なされる。

ここには、宗教という事柄への一つの態度がある。この態度は、思想を思惟した人格の上に据付けるという、思想の扱い方の延長線上にある。したがってここでの「宗教」は、個々の人格と思想とから切り離すことのできない事象であり、それはそのまま「哲学」という事象と重なる。しかし、この態度には、哲学を科学的真理追究と差違化することで、真理そのものを哲学から排除してしまう危うさがある。真理を排除するとき、哲学書は通俗的な人生論の書に堕することになる。

3　種々の見解を自己の力で消化し組織するのが哲学である

それでは、当時の哲学研究者は「哲学」というものをどのように考えていたのであろうか。ヘーゲル研究者の紀《き》平《ひら》正美《ただよし》（一八七四―一九四九年）は『善の研究』出版の世話を委任された人であるが、彼が『哲学雑誌』に書いた一文を読むと、当時の研究者が哲学というものをどのように考えていたかがよくわかる。

> 実在の研究は知識欲の存在する我等は必ず一度は到達すべきもので、到底永く捨て置かるべきものではない。此の問題たる科学の眼よりは飛び離れた余計の事であるが如くにして、其の実は最も切実なる問題である、即ち意識的にか無意識的にか誰れでも一種の実在は持って居るのである、猶お換言すれば人は皆な哲学者であるのである。されば狭義に於ての哲学は畢竟するに種々の見解を自己の力で消化し組織するにある。而て哲学が自己を脱しない以上は、過去の思想や時代の精神より脱する事は到底出来ない。其れ故に実在に自己的着色が現るとて其の哲学の高下を定むる標準にはならぬ、哲学は最も具体的の学問である、抽象的なる自然科学の様な普遍は得て望むべからず、要はあらゆる思想を満足に組織立てると言う事が哲学の真理である。[4]

紀平のこの文章は当時の日本の大学人の思いを代表していると言ってよいであろう。明治政府は帝国大学令を発布し、七つの帝国大学に西洋の学問体系を移植するのに懸命であった。学問体系の中で哲学は「万学を統轄するの学」（井上円了［一八五八―一九一九年］）と位置づけられるが、大学人たちの諸科学に対する態度には微妙なところがあった。紀平は精神科学には批判的にしても、自然科学は受け入れていたと言える。しかし彼は、科学によっては「知的欲求の終極の満足」を得られないとして、その満足を哲学に求める。哲学とは「種々の見解を自己の力で消化し組織する」ものだという哲学理解は、紀平だけでなく、明らかに西田にも認められる。哲学の著作を著者の意図に沿って忠実に理解するというよりも、重要と思われるさまざまな思想・知見を自己化し、それらを組織化するというところに、哲学のあるべき姿を認めたのである。そのような哲学に、哲学者の人格が現れるのは自然なことであろう。

紀平の態度の中には二つの契機がある。「種々の見解を自己の力で消化する」という契機は、消化したものを自分の成長の糧とするという態度を育て、哲学を自己形成の学問だとする見方と繋がっていく。もともと日本では学問は仏教を指し、江戸時代になって儒教が学問のモデルになった。この学問のイメージが哲学に投影されていくと言ってよいであろう。学問とは人間形成であり、学問をすると人格的に優れた者になるはずだという期待が哲学に受け継がれていく。新しく入ってきた西洋近代科学と伝統的な学問観との齟齬を、哲学という学によって乗り越えようとしたと言ってもよいであろう。哲学に客観的な学問性ではなく人生論を求める傾向は、このような知識人の態度から一般の人々に広まっていったと考えられる。

「種々の見解を組織する」というもう一つの契機は、異なるすべての思想を総合し体系化することで、哲学を普遍的な「真理」として樹ち立てるという方向に繋がっていく。組織化ということが哲学の学知としての真理性を支えるものだという考え方は、ヨーロッパの形而上学の歴史を貫くものであるが、それが日本に新たに根を下ろそうとするとき、独特の形をとる。それは、組織化の前に「自己の力で消化する」ことが必要だったからであろう。西田の場合、哲学を普遍的な真理として樹ち立てようという指向が、「体系」や「形而上学」形成の企図と結びついている[5]。また、その指向が、『善の研究』以降の新たな展開を導く契機ともなったと解される。

第一の契機は一般には、現代にまでかなりの程度受け継がれている。旧制高校に代表される教養主義的文化とその社会的影響は遠い過去のものとなったが、一般の人々のもつ哲学のイメージは戦前からあまり変わらない部分がある。哲学が客観的に真理を探究する学であるということの確信は、むしろ現代の方が後退していると言ってよい。西田哲学は今なお一般の人々の関心を引きつけているが、西田の哲学思想よりも西田の生涯や生き方に興味が向かい勝ちである。その一因は西田の思想の際立った難解さにあるにしても、哲学的思索の成果を思想そのものではなく人格の中に求める考え方は、西田の著書に対して際立って根強いところがある。

しかし、第二の契機はもはや過去のものになったと、現代哲学では考える傾向が強い。哲学のあり方は現代と西田の時代とでは大きく異なっており、諸科学の分野と哲学との境界も曖昧になっている。日々膨大な諸科学の知見が蓄積されている今日、あらゆる思想の組織化ではなく、膨大な科学的知見の組織化が求められるようになっている。それには、哲学者というより、既成の特定の学問分野に限定されない独創的な知的巨人を必要とすると言ってよいであろう。

4　同時代の研究者たちの西田への評価

西田の思想に対する、同時代の研究者たちの評価についても触れておきたい。まず『善の研究』に対してであるが、この書は初版が公刊されたときから、研究者の注目を集めていた。高橋里美（一八八六―一九六四年）が『哲学雑誌』に「意識現象の事実とその意味――西田氏著『善の研究』を読む」（一九一二年）を発表し、「本書は恐らく明治以後に邦人のものした最初の、また唯一の哲学書であるまいかと思う」[6]と評したことは、よく知られている。このように高い評価を与えながら、高橋はこの書を詳細に読解し、五つの論点を挙げて厳しい批判を展開している。純粋経験の本質を成すものは統一であると理解した上で、次のように指摘するのが第一の論点である。

果たして氏のいわれるが如くに純粋経験の本性は統一であって、その統一はまた氏のいわれるが如く程度上のものとするならば、純粋経験そのものも程度上のものとなり、主客未分だとか、知識と対象とのけじめがないとか、事実そのままの経験とかいったところで、要するにそう思われ、そう感ぜられるというのみで、その実、純粋経験であるということはできなくなる。或いは統一の弱きものは弱いながらに、その強いものは強いがままに、それぞれその統一の程度を有しつつ同じく純粋経験であるといわれるかもしれぬが、かくては意味の起源は到底説明されず、従ってこれに対する事実としての純粋経験の本来も説明ができず、すべてが意味ともいえれば、すべてが事実とも見え、ついに統一をもって純粋経験の目安とされたそのことがらが、無意義に帰してしまうほかない。これ氏の純粋経験の根本に横たわる矛盾でなかろうか。[7]

純粋経験については第一章で見ていくが、本質を突いた的確な批判である。この論文を発表した時の高橋が、弱冠二十五歳であったとは驚きである。高橋の批判を受けて、西田は「高橋（里美）文学士の拙著『善の研究』に対する批評に答ふ」[8]［一・二九九―三二六］を著して、それに丁寧に応答している。当時の自由で清新な気風がうかがわれ、哲学の学問的土壌の形成期の議論の在りようを目の当たりにすることができる。

その後も、西田の発表する論文に対して、そのつど批判や論争がなされていく。左右田《そうだ》喜一郎（一八八一―一九二七年）、田邊元（一八八五―一九六二年）、戸坂潤（一九〇〇―一九四五年）、三木清（一八九七―一九四五年）、西谷啓治（一九〇〇―一九九〇年）、らが次々と考察し、批判し、それに対して西田も直接或いは間接に応答し、自らの思索を深めている。西田批判の中で特に重要であるのは、田邊元の「西田先生の教を仰ぐ」であろう。田邊は、西田の『一般者の自覚的体系』の思想が西田自身の宗教的自覚を体系化したものであると見なして、「それは最早 philosophia ではなくして sophia である。それは既に philosophia としての哲学の廃滅でなければならぬ[9]」とまで述べる。一般者の自覚的体系とはどのようなものかということは第四章で詳しく見ていくが、これは西田の思想に対する一つの代表的な批判であると言えよう。西田はこの批判に不服であったが、その後の彼の論稿を見ると、彼にとって重要な意味のある批判であったと思われる。

そして、田邊や三木、西谷なども西田の影響下で独自の思想を形成していく。西田と西田門下のそのように相互に影響し合い、批判し合う一群の哲学者たちが、京都学派と呼ばれるようになる。

5　私たちは西田哲学をどう読むか

西田の哲学思想には彼の生きた時代の哲学の考え方が大きく反映していると共に、西田の哲学思想のあり方がその後の日本における人々の哲学理解を強く規定するに到っている。その意味では、この哲学の性格を考えるときに鍵となるのは広い意味での「人生の問題」であると言える。

先ほどは哲学と人生の問題を日本の思想的伝統の中で関連付けたが、言うまでもなく古代ギリシアにおいてソクラテス（Sōcratēs 前四六九―三九九年）から人生の問題が哲学の課題となったとされる。プラトン（Platōn 前四二八／四二七―三四八／三四七年）の『クリトン』に出てくる「一番大切なことは単に生きることそのことではなくて、善く生きることである」[10]というソクラテスの言葉はよく知られている。この哲学の課題の原点を、西田は受け継いだとも言える。ただし、後期の重要な箇所で「生死の課題」という言い方をしているように、西田には「善く生きる」というだけでは不十分なところがある。「善く生きる」ということが「善く死ぬ」ということと切り離せないのである。それを考えると、仏教的伝統のもとで「生死《しょうじ》の問題」という言い方があるのが思い起こされる。「生死」とは「生まれることと死ぬこと」を意味する漢語である。仏典にあるサンスクリット語 saṃsāra の訳語が生死であり、輪廻と同じ意味、即ち「生まれ変わり死に変わりとどまることがない」という意味になる。しかし、西田の中に輪廻の思想はない。ここで生死ということで問題であるのは、「如何に生きるか、如何に死ぬか」ということである。

西田の論考の折々の言葉から、この問題が西田の探究の根抵にあることは間違いない。[11] しかし、「如何に生きるか、如何に死ぬか」という問い自体は、学としての哲学の問いにはならない。[12] これはそれぞれの自己において、どこまでも個人的に問われるべき問い、個人的にしか問われ得ない問いだからである。哲学の問いはこの問いの奥に隠れている。たとえば、この問いは私たちに対して個であることを要求するが、個であるとはどういうことか、この問いはどこに立つことで問われ得るのか、この問いにおいてどのような種類の知が求められているのか、等々。このような問題は西田の思索の軌跡に陰に陽に含まれている。

哲学の問いは、どのように問われるかということが決定的に重要な意味をもつ。私たちは性急に思索の成果を確定することなしに、西田の問いとその行方を読み解く必要がある。本書では、彼の哲学的著作の中に見出される思索の歩みを順にたどって、できるかぎりその意図するところを理解することを目指したい。そこから何かが見えてくるはずである。

注

1　阿部次郎の『三太郎の日記』(一九一四年から)は青年の内面生活の記録であり、内面の要求を実現して自己を確立してゆく過程が多くの青年の共感を呼んだが、このような青年期の煩悶は哲学的なものとして理解されるようになる。

2 倉田百三『愛と認識との出発』青空文庫（http://www.aozora.gr.jp/cards/000256/files/2590_20695.html 二〇二〇年五月二〇日閲覧）、一二四頁。

3 倉田百三『愛と認識との出発』、三九頁。

4 紀平正美「実在論の問題」（『哲学雑誌』第二四二号、明治四〇年［一九〇七］）。西田は『善の研究』出版の世話を紀平正美に委任した。この論文は、西田の論文「実在について」（これが後に『善の研究』第二編になる）を紹介するために、紀平が書いたものである。

5 その企図があることは、『一般者の自覚的体系』、『哲学論文集第一――哲学体系への企図』、「形而上学序論」といった著書・論文の題目だけ見ても、明白である。

6 『西田哲学選集』別巻二、燈影舎、一九九八年、九頁。

7 同書、一六頁。

8 西田幾多郎の著作の引用は『西田幾多郎全集』（全一九巻、安倍能成・天野貞祐・和辻哲郎・山内得立・務臺理作・高坂正顕・下村寅太郎編、岩波書店、一九七八―一九八〇年）から、［巻数・頁数］で示す。なお、この全集からの引用文・語句の旧仮名遣い・旧字体は新仮名遣い・新字体に変更している。ただし、論文名は必ずしもその限りではない。また、引用文中の傍点は引用者による。

9 『田邊元全集』第四巻、筑摩書房、一九六三年、三一〇頁。

10 プラトン「クリトン」、久保勉訳『ソクラテスの弁明・クリトン』岩波文庫、一九二七年、一九九七年、七四頁。

11 たとえば「哲学は思弁的と云われるが、哲学は単なる理論的要求から起るのではなく、行為的自己が自己自身を見る所から始まるのである、内的生命の自覚なくして哲学というべきものはない、そこに哲学の独自の立場と知識内容があるのである。かかる意味に於て私は人生問題というものが哲学の問題の一つではなく、寧ろ哲学そのものの問題

であるとすら思うのである。行為的自己の悩、そこに哲学の真の動機があるのである。」〔六・一七八〕

12　人生の問題は「如何に生きるべきか」、「生きる意味とは何か」などの問いの形で示すことによって、普遍的な価値や意味の問題となると考えられるかもしれない。しかし、人生の問題には価値や意味の事柄としては捉え切れないものが含まれている。「如何に生きるか、如何に死ぬか」という問いは、人生の多様な局面をそのまますくい取る問いの形であると考える。

第一章　意識と論理のあいだ――西田哲学の原点

1　原点としての『善の研究』

西田哲学の原点となるのはやはり『善の研究』（一九一一年）である。この書は、第一編「純粋経験」、第二編「実在」、第三編「善」、第四編「宗教」の四編から成る。その後の西田の著作は執筆順に論稿を並べた論文集という形をとるが、この書は哲学の課題全般を見渡すような構成がなされている。ただし、内容としては、必ずしも一つの著作として整ったものではない。その原因はいろいろ考えられるが、一つは、金沢の第四高等学校での講義の草案が基礎になっていることに起因する。第二編と第三編がその草稿に当たるものであり、この部分が最初にできあがった〔一・三〕。その後、第一編、第四編の順に付け加えられて、現在の形となった。

西田の思索の歩みについていくという本書の趣旨に沿って、ここでは『善の研究』の考え方を、第一に、西田の哲学の出立点がどこにあるか、第二に、「純粋経験」とはどのような思想か、という二つの角度から取り出してみたい。前者は、西田の哲学の動機に光を当てることになる。後者の純粋経験はこの書の主題であり、「余の思想の根柢」であると言われる。それを明らかにするのは簡単なことではないが、その輪郭だけでも摑んでおきたい。処女作というものがしばしばそうであるように、西田のその後のすべての思索が『善の研究』から始まっており、すべての内容が萌芽的にこの書に含まれている。純粋経験の立場はやがて放棄されるが、この概念で考えようとしたことを西田はより的確な仕方で言説化し続ける。

西田の著作は巻が進むにつれて理解が難しくなっていく。その原因の一つは、西田が前の論文で論じられたことを踏まえて次の論文を書いていくというやり方をしている点にある。その意味でも、最初の著作である『善の研究』は西田哲学の読解の起点となるものである。

2 哲学的思索の出立点

まず、西田はどこに哲学的思索の出立点を置くのか。第二編第一章「考究の出立点」は文字通りそれを示す箇所である。

そこで西田は、「疑うにも疑い様のない直接の知識とは何であるか」と問うて、「そは唯我々の直覚的経験の事実即ち意識現象に就ての知識あるのみである」と答える〔一・四八〕。この問いが、哲学が神学の軛を脱して近世哲学が始まるときのベーコン（Francis Bacon 一五六一―一六二六年）やデカルト（René Descartes 一五九六―一六五〇年）の思索の態度に範をとっていることは明らかである〔一・四九〕。彼らは自らの哲学を始めるに際して、確固たる基礎を新たに問い求めた。特にデカルトが徹底的な懐疑を通して「我思う、故に我有り」という立場を導き出したことは、西田にとって哲学の思索はどのように始めるのかということを示す雛型であったと言ってよかろう。

このようにオーソドックスな仕方で自らの哲学の出立点を明確に立てたことは、西田の思索がその後、学的な哲学として成長していくことを可能にした要因の一つと考えられる。ただし実際には、西田はデカルトのような徹底的な懐疑を行ってはいない。形式的に「疑うにも疑い様のない」と言っているだけである。それでも、西田が知識の確固たる基盤から出発しようとしたことは確かであり、そこにはデカルトとは異なる理由があったと推測される。では、西田が「疑うにも疑い様のない、直接の知識を本として出立せねばならぬ」［一・四七。傍点筆者］と考えたのはなぜか。

懐疑に先立って、次のように言われる。「世界はこの様なもの、人生はこの様なものという哲学的世界観及び人生観と、人間はかくせねばならぬ、かかる処に安心《あんじん》せねばならぬという道徳宗教の実践的要求とは密接の関係を持って居る」［一・四六］。現代哲学では一般に世界観や人生観を哲学の課題とは考えない。しかし、西田は十代で哲学を志した頃から金沢で教鞭をとっていた頃まで、そういったものが哲学の課題であると考えていたことは、彼の日記や手紙からも明らかである。道徳宗教の実践的要求とは、人は何を為すべきか、どこに安心すべきかという当為のことである。理論上の真理と実践上の真理とは一致するということを、西田は最初に述べている。そして、実践上の問題を論ずる前に、理論上の問題を明らかにしなければならないと考える。理論上の問題は結局、真の実在とは何か、という問いの形をとり、第二編は実在論になるわけである。この実在論ということに、西田は近世哲学の二つの主要テーマである認識論と存在論（形而上学）の意義を含ませると共に、世界観と人生観の追究という役割をも託している。そして、その実在論を基礎として、道徳論と宗教論が導出される。これが『善の研究』の構成である。

西田が知識においての真理と実践上の真理との一致を主張するのは、それが知識と情意との統一をもたらすからである。「深く考える人、真摯なる人は必ず知識と情意との一致を求める様になる」［一・四六］と述べて、知識と情意との統一が「人心本来の要求」である、と主張する［一・四七］。西田において、「疑うにも疑い様のない直接の知識」から出立しなければならないという要請は、この「人心本来の要求」から出ているのである。

3　純粋経験とは何か

人心の要求に基づく出立点は「直接経験」と概念化され、それはさらに「純粋経験」と言い直される。西田は、意識現象が唯一の実在であり、意識現象はすべて純粋経験として説明できると考えるので、実在論は純粋経験論となる。「実在」は西田に於て重要な概念であるが、実在と訳される reality（英）、Realität（独）、réalité（仏）は長い説明を必要とする複雑な語用史をもつ。西田は重要な概念であっても定義することなく用いて、思索を展開していくなかで意味を充実させていくが、西田に限らず、当時の日本の哲学研究者たちは、「実在」を現実存在であると共に真実存在であるものという意味で用いているようである。

純粋経験とは、事実そのままで、そこにまったく思慮分別が加わっていない状態の自知を指す

［一・九］。思慮分別が加わっていないということは、主観と客観の区別がまだなされていないということである。純粋経験はさらに、「事実其の儘の現在意識」として特徴づけられる［一・一〇］。この現在は意識の焦点に当たるものとしていくらかの時間的継続がある［一・一一］。したがって、純粋経験の範囲は「注意」の範囲と一致することになる。その範囲は一方で「色を見、音を聞く刹那」にまで凝縮されるが、他方で西田は、一生懸命に断崖を攀《よ》じ登る場合や、音楽家が熟練した曲を演奏する場合を例に挙げている。こういう例から、純粋経験が禅者の覚りの体験や宗教者の神秘的体験というようなものでないことは明らかである。純粋経験は日常的経験のなかで注意の集中度の高いものであって、決して特別なものではない。

　西田は純粋経験の直接にして純粋である所以を「具体的意識の厳密なる統一」に見て取る［一・一二］。西田によれば、意識はもともと一つの体系を成すものであり、その中から多様な種々の意識状態が分化発展してくる。それが細かく分化しても、その根本的な体系の形を失うことはないため、私たちに直接な具体的意識はいつでもこの形で現れる。それ故、意識は一面では分化した形をとるが、体系的発展をするのが本来の形であって、統一が厳密で意識が自ら発展する間は、純粋経験が私たちの立脚地となるというのである［一・一二―一三］。

　さらに西田は、この純粋経験の体系を「統一的或者」が「分化発展」するという言い方で説明している［一・一四］。その分化発展の全体を、統一的な或るものの自己発展として捉えるのである。意識に現れるのはその自己発展の一端であり、統一作用が「傾向の感情」として意識に伴うとされる。「傾向の感情」について西田は何も説明していないが、意識の中に統一に向かう情緒的な傾きがあるということであろう。この傾きはいわば萌芽的なものであり、衝き動かすまでになると広義に於ける意志となる。西田は、基本的に意識はすべて衝き動かされるものだと考える。したがって、意識発展の形式は意志発展の形式であり、その統一的傾向は意志の目的であることになる［一・一四］。純粋経験とは、意志の要求とその実現との間にまったく間隙がない状態を指す。その状態は衝動的意志ということになるが、西田によれば、衝動的意志こそ意志の本来の状態であって、私たちが通常自由意志と見なすところの選択的意志は自由を失った状態である。

衝動的であることが本来の意志であることから、意志の本質は現在における現在の活動にあるということになる。先ほど西田は「注意」という言い方をしていたが、注意を導くのがこの意志としての統一作用である。統一作用というのは、純粋に心理的に見るならば、内面における意識の統覚作用にほかならない。西田によれば、思惟と意志とは同じ統覚作用であるが、主観的な統一をもたらす統覚作用が思惟であり、主観と客観との統一をもたらす統覚作用が意志である［一・一四―一五］。つまり、意志は思惟よりいっそう大きな統一となるが、意志よりもさらに大きな統一の発現を知的直観と見る。知的直観は意識の最も統一した状態であり、純粋経験における統一作用そのものであるとされる［一・四三］。

純粋経験の立場から意志や知的直観を説明するのは容易であるが、思惟を説明しようとすると、いろいろ問題が起こってくる。まず、思惟を表象と表象の間の関係を定めてそれを統一する作用であるとすると、思惟の最も単一な形は判断である。そして、判断には意味が含まれる。意味や判断が問題であるのは、それらが直覚から離れることだからである。純粋経験が事実の直覚そのままであるなら、そこに意味や判断のようなものはないことになる。すべてが純粋経験であるなら、いったい意味や判断はどのようにして起こるのであろうか。

西田は、意味や判断は原経験から抽象されたその一部であると考える。経験はそれ自身から差別相を備えているのであって、その差別によって意味や判断が起こってくるというのである。このことを純粋経験が現在意識であるということから説明すると、意味や判断は、現在意識と意識系統の中の他の意識との関係を表わすと考えられる［一・一六―一七］。たとえば、ある音を聞いてそれが鐘の音であると判断する場合、現在の音の聴覚経験が過去に鐘の音を聞いた経験と対比され同定されたと考えられる。他との関係に入るということは、純粋経験の厳密な統一が破れた状態にあるということであり、そのとき意味や判断が生ずることになる。しかし、この不統一の状態は現在の意識を過去の意識と結合することから起こるのであり、より大きな意識系統の中に統一する統一作用がそこに働いていることになる。しかし、これは、純粋経験の分化と統一を説明するだけで、意味や判断の十分な説明にはなっていない。

さらに、思惟と知覚との関係も問題を含んでいる。純粋経験であることを素直に理解できる知覚と比べると、思惟の異質性が際立ってくる。通常私たちは、知覚は外物の刺激によって起こる受動的なものであるのに対して、思惟は能動的であると考える。だが、西田は、その能動・受動の区別は相対的なものに過ぎないと言う［一・二一―二二］。また、通常私たちは思惟が材料とする心像は、知覚とは別のものであると考えるが、西田は、知覚と心像とを厳密に区別することはできないと論ずる。さらに、通常私たちは、知覚は記憶や連想と共に個人的意識内の関係統一であるのに対して、思惟は超個人的で一般的であると考える。だが、西田によれば、そもそも純粋経験の立場では個人というようなものはない。個人的経験とは経験の中の特殊な一小範囲にすぎない。「個人あって経験あるのでなく、経験あって個人あるのである」［一・二八］と西田は言う。そこから考えると、思惟も知覚も同様に純粋経験の一種だということになる。

だが、意識の直接の状態は純粋経験であるということは直ちに言えても、直接的意識を反省する思惟は純粋経験とは言えないのではないか。こういう疑問が起こってくる。それに対して西田は、反省的思惟がどうして発生するかということから、それが純粋経験であることを説明しようとする［一・二四］。即ち、意識が自己自身を発展完成させるとき、その発展の行路で種々の体系の矛盾衝突が起こり、そこに現れるのが反省的思惟である。この矛盾衝突は一層大なる体系的発展の端緒だというのである。

こうして、思惟は小なる統一から大なる統一へと進む過程であって、そのように進めるものが意志だと考えると、思惟も知識的要求に基づく内面的意志だということになる。この考え方でいくと、客観的真理とは、私たちの経験的事実を統一するところの最も有力で統括的な表象の体系だということになる［一・三三］。真理を知るとは、自己の経験を統一することなのである。私たちの真正の自己はこの統一作用そのものであり、真理を知ることは大なる自己の実現となる。個人的経験は経験の一小範囲であり、個人とは意識の中の一小体系に過ぎないが、さらに大きな意識体系を中軸として考えるならば、この大なる体系が自己であり、その発展が自己の意志実現であるということになる。

4　統一に向かい自発自展する純粋経験

以上のことから、純粋経験は統一と分化発展を本質とすると言える。大きな統一からより小さな統一へと動くことが分化であり、小さな統一からより大きな統一へと動くことが発展である。統一と分化発展とは切り離せないものであり、統一そのものが動的なものと考えられている。

西田によれば、純粋経験は単に自発自展するだけではなく、より大きな統一へと向かう要求をもっている［一・一七〇］。それは個人的精神の要求であるにとどまらず、共同的精神における要求でもある。その要求の極点が「宗教的要求」である［一・一七二］。宗教的要求は「我々の已まんと欲して已む能わざる大なる生命の要求」であり［一・一七〇］、「人心の最深最大なる要求」である、と言われるのを見ると、この要求は私たちの生命そのもの、私たちの精神そのもののあり方に由来する要求であると考えられる［一・一七二］。

ここで、考究の出立点を定めるに先立って、知識と情意との一致が「人心本来の要求」として求められたことが思い起こされる。この要求が、純粋経験の実在論を介して、より大きな統一へ向かう要求として確認されたものが、道徳的行為として具体化され、宗教的要求としてさらに大きな統一を実現しようとする。このようにして、『善の研究』が一つの完結した世界を形成していることが見えてくる。

これに対して、先述の高橋里美のような批判が出てくるのは容易に理解できるであろう。すべてが純粋経験で、すべてが意識統一の程度の差になってしまうなら、わざわざ純粋経験という概念を立てることが無意味になってしまう。高橋の批判を受けて、西田は「すべての意識は統一の方面と差別の方面とを具へて居る、即ち一にして多である、ただ此の両方面を対立せしめて云えば、統一の方面の著しいものが純粋経験であり、差別の方面の著しいものが非純粋経験と見られるのである」〔一・三〇二〕と説明した上で、自分の意図としては、知覚、思惟、意志、知的直観などとして区別されているものが本当は純粋経験として同一型であることを論証するのが目的であったと主張する。そして、純粋経験の根本的性質としての統一はそもそも動態なのだと論じて、この動態を「活動的自発自展的統一」という語で言い表す〔一・三〇三〕。

西田の思考の仕方は分析的ではなく、区別されるものの底にある、相通ずるものをどこまでも見ようとする。相通ずる一つの事柄をいろいろな角度から、あるいはいろいろな深度で、捉えようとする。しかし、思考の道具となる言葉は、事柄を分節し、他と区別するという働きをもっている。言葉に表すということが既に、事柄をそのまま捉えるのではなく、ある事柄をその事柄でないものと切り分けるという意味をもつはずである。高橋が「純粋経験の根本に横たわる矛盾」と呼んだものは、この言葉で思考することとの矛盾に繋がっている。西田は生涯この矛盾と向き合うことになる。

5　西田が直面する問題——心理主義と論理主義との対立

純粋経験の立場が、高橋の批判への応答では対処しきれないような問題をはらんでいることが次第に明らかになってくる。純粋経験の立場が心理主義であるという批判が、彼にその問題を気づかせる。[2]心理主義と論理主義との対立は、十九世紀末から二十世紀初頭の西欧哲学界の重要な論点であった。西田は『善の研究』初版公刊後すぐに、「認識論に於ける純論理派の主張に就て」（一九一一年）という論文を発表し、論理主義の主張を検討している。「純論理派」として考察されるのは、新カント派のヴィンデルバント（Wilhelm Windelband 一八四八―一九一五年）やリッケルト（Heinrich John Rickert 一八六三―一九三六年）、現象学に立つフッサール（Edmund G. A. Husserl 一八五九―一九三八年）らである。

この時期、自然科学が大きな成果を挙げてきたのを目の当たりにして、実証的な科学の態度を自然科学以外の分野の方法的態度へと拡大し、あらゆる分野に自然科学的な厳密さを求める動きが出てくる。心理学はカント（Immanuel Kant 一七二四―一八〇四年）の時代には哲学の一部であったが、十九世紀末から二十世紀始め頃に実験心理学が勃興する。近世において形而上学（存在論）と並んで認識論が哲学の主要部門となるのは、認識論が科学の学問論的基盤となる領野だからである。心理主義とは、私たちの認識や判断のすべてを自然化された意識現象として捉える立場を指す。自然化された意識現象を扱うのは実証科学としての経験的心理学であるから、この立場では、経験的心理学が一切の真理認識を根拠づける基礎学という位置づけをもつことになる。

それに対立する意味での論理主義（純論理派）とは、真理を成り立たせるのは論理であり、諸科学の客観的な学問性は論理に由来すると見なす立場である。この立場では、論理を扱う哲学が諸科学の基礎理論として位置づけられる。新カント派や現象学の人々は、実験心理学は自然化された意識現象のみを意識と見なす根本的な誤りを犯していると主張し、価値や妥当性の問題は実証科学の立場では決して明らかにすることのできない事象であると論じた。彼らの議論はきわめて専門的なものであり、西田は自らの純粋経験の発想を専門的な議論のレベルに押し上げるために新カント派、現象学、ドイツ古典哲学などを徹底的に研究することになる。

重要なのは、西田が当時の世界の学問状況のなかにある哲学と向かい合ったという点である。さまざまな学問分野が自然科学をモデルとして形成されつつあるなかで、哲学は科学に解消され得ない領域をもちうるのか、哲学は科学知の精密性に対抗できるだけの高度な学問性をもちうるのか、そういう課題に哲学は直面していたと言える。

そのような時代の課題に向き合うことで、西田の哲学についての考え方が変わって行く。『善の研究』の西田は、世界観・人生観の形成を哲学の役割であると考えていた。その意味では倉田百三の哲学理解と通ずるところがあった。しかし、論理主義の立場は一般に、世界観・人生観の形成をめざすような哲学に厳しい批判の目を向ける。たとえばフッサールは厳密な学としての哲学と世界観哲学とを対比させて、「近代的意識にとって、教養もしくは世界観という観念と学の観念とは——学の観念は実践的な観念と見なされる——はっきりと分離される。そしてそれらは今後永遠に分離されたままである」[3]と述べる。なぜならフッサールにとって、学としての哲学は科学の基礎となる哲学であるのに対して、世界観哲学は科学を基礎とする哲学であり、両者はまったく別のものだからである。[4]フッサールは「哲学はその本質からすれば真の諸発端、諸根源、万物の根元（ῥιζώματα πάντων）の学である」[5]と主張する。

この時期に西田は、絶対に明晰なるもの、最も根抵的なるものをどこまでも追究するという思索の態度を培ったものと思われる。種々の見解を自己の力で消化し組織するという態度はここで大きくグレードアップする。しかし、西田は生死《しょうじ》の問題を放棄したわけではない。そのことは、西田の曖昧さを許さない徹底した思索の軌跡をたどることで明らかになる。

6　突き付けられた課題と西田が手放さなかったもの

こういった論争の中で西田は自分の哲学を彫琢していく。『善の研究』において西田が「心理主義的」と認めざるを得なくなったものは何か。[6] そしてその批判を認めてもなお、西田が手放さなかったものは何か。これらの問いを通して、その後の西田の哲学の方向が見えてくる。

西田は『善の研究』で純粋経験を明らかにするために、心理主義の領袖とされるヴィルヘルム・ヴント（Wilhelm M. Wundt 一八三二—一九二〇年）の考え方をいわば叩き台のように用いている。他の心理学的所説も同様の扱い方をしている。西田は、純粋経験の考え方を育て上げるために、哲学と心理学の立場の違いを意識しながら、その両方の所説を糧としたと言ってよいであろう。意識現象ないし純粋経験の語が意味するものは、当時の哲学の議論の系譜と台頭する心理学との交錯する争点に位置していた。その限りでは、「意識現象が唯一の実在である」という主張は、論理学や数学における認識や価値的判断のすべてを心的事象に還元してしまう心理主義であると見なされても仕方がないと言える。

だが、西田自身の問題意識と西田を心理主義的とする批判との間にはずれがある。西田は心理主義を「純粋経験ということを唯一の立脚地として論理的価値の問題をも之から論じようとする」立場と規定して、「純粋経験派」という呼称を用いる。また、論理主義を「実在ということから全く離れて真理の基礎を立てようとする」立場と規定し、「純論理派」と呼ぶ［一・二〇九―二一〇］。純粋経験派とみなされる人々にも幅があり、西田の考え方にはウィリアム・ジェイムズ（William James 一八四二―一九一〇年）の影響が強く感じられる。純粋経験という概念には実証的な心理学には収まりきらない奥行きがあり、西田とジェイムズは共通してそういうところを見ていたからであろう。また、西田にとって純粋経験は実在論の概念であって認識論の概念ではなかったのに対し、純論理派は経験を認識論の地平で取り扱って、客観的知識の基礎づけに重心を置く。

純論理派が実在から離れて真理の基礎を立てようとするのは、「実在」に依拠する限り、客観的知識は成立不可能になると考えるからである。『善の研究』の段階の西田にとって、知識の客観性、真理性をどのように根拠づけるか、ということは重要な問題として考えられていなかった。しかし、これが、哲学にとっても当時勃興しつつあった精神科学、社会科学にとっても重要な問題であったことは既に述べた通りである。西田はここで、彼の純粋経験の立場が解決しなければならない根本的課題を突きつけられたと言える。この課題は実在の概念そのものの考え直しを要求したが、それは容易ではなかった。

7　自覚という考え方の発端

京都に来た始めの頃を、西田は「私の習得時代」と呼んでいる［一・二〇八］。実質的には、京都帝国大学に赴任してから『働くものから見るものへ』（一九二七年）で「場所」の思想が確立されるまでの時期を、習得時代と呼んでよいであろう。その時期の西田の格闘がどのようなものであったかということは、『自覚に於ける直観と反省』（一九一七年）および『意識の問題』（一九二〇年）に見ることができる。

『自覚に於ける直観と反省』の内容は紆余曲折して一応の結論に達してはいるが、それはほとんど無理矢理つけた結論のように見える。この書の企図について、西田は「余が此論文の稿を起した目的は余の所謂自覚的体系の形式に依ってすべての実在を考え、之に依って現今哲学の重要なる問題と思われる価値と存在、意味と事実との結合を説明して見ようというのであった」〔二・三〕と述べている。「自覚」は西田哲学全体を特徴づける重要な言葉であるが、この言葉が初めて大きな意義をもって登場するのはこの書においてである。この書の第一節は次のように始まる。

直観というのは、主客の未だ分れない、知るものと知られるものと一つである、現実その儘な、不断進行の意識である。反省というのは、この進行の外に立って、翻って之を見た意識である。……如何にしても直観の現実を離れることが出来ないと考えられる我々に、かかる反省は如何にして可能であろうか、反省は直観に如何に結合せられるか、後者は前者に対して如何なる意味をもって居るであろうか。

余は我々にこの二つのものの内面的関係を明にするものは我々の自覚であると思う。自覚に於ては、自己が自己の作用を対象として、之を反省すると共に、かく反省するということが直に自己発展の作用である、かくして無限に進むのである。反省ということは、自覚の意識に於ては、外より加えられた偶然の出来事ではなく、実に意識其者の必然的性質であるのである。［二・一五］

『善の研究』では直観と反省の違いは純粋経験の自発自展的統一の程度の差に過ぎなかったが、ここでは直観と反省は構造的にまったく別のものと考えられている。純粋経験の立場とは、私たちはどこまでも経験の直接性を離れることはできないという考え方であったが、反省はその直接性を離れることだと考えるようになる。直接性を離れた反省はまた直接的な不断進行の意識と統合されていくと考えられる。つまり、ここで西田が摑まえようとしているのは、不断進行の意識を離れたものをまた不断進行の意識に統合していく動きそのものであり、それは純粋経験が自発自展してより大なる統一へ向かう要求そのものなのである。

したがって、重要なのは反省である。しかし、反省が意識の自己発展の作用であるとはどういうことであろうか。通常私たちは、自分が考えていることを自分が反省する、と考える。この場合、反省するということを、反省される第一の自己と反省する第二の自己との関係と考えた上で、この二つの自己を対象化して同一であると見なすことになるが、これは心理学者の見方であるとして、西田は退ける［二・一七］。そうではなく、第一の自己が第二の自己そのものに直ちに同一であると考えるべきであり、これが「自覚」だと考える。つまり、自覚とは、自己が自己を対象として意識することではなく、すべての意識の根柢に横たわる統一的意識が自己自身の超越的同一性を意識することなのである。したがって、反省は自己自身についての知識であると共に、自己発展の作用だということになる。これを西田は、「自己の中に自己を写す」という言い方で捉える。

西田にこのような自覚についての示唆を与えたのは、ジョサイア・ロイス（Josiah Royce 一八五五―一九一六年）の持ち出す比喩である［二・一六］。即ち、英国に居て完全な英国の地図を写そうとするとき、一枚の地図を写し得たなら、さらにその写したということを写すことが必要になる、こうして地図を写す作業は無限に進んで行かなければならなくなる、というのである。この比喩の要点は、地図を写す私が英国に居るというところにある。私が写した地図には、写す私は入っていない。たとえこの地図の中に私らしき人物を書き入れたとしても、その人物を書き入れている私はそのように書き入れた地図の外に居る。完全な英国の地図にするためには、外に居る私を加えた新しい地図がもう一枚書かれなければならない。新しい地図が書かれなければならないという要求はより大きな統一を求める要求であり、次々と生じて終わりがない。この無限の要求でもって、西田は自覚の運動を指し示そうとしたのである。

そして、カントの先験的自我の自覚もフィヒテ（Johann G. Fichte 一七六二―一八一四年）の事行《じこう》（Tathandlung）も、このような自覚を表すものとして、西田は理解する。直観と反省との結合は実在の世界と思惟の世界との結合を意味する。『自覚に於ける直観と反省』の企図は、まず論理的な思惟の体系が自覚的体系であることを示し、さらに具体的内容をもった経験の体系もまた自覚的体系であることを示し、すべての体験がそれ自身で発展する同一の自覚的体系であることを明らかにすることであった。そうすることで、直観と反省とを結合し、実在するものが意味をもつと考えることが可能になると考えたわけである。そしてそこから、知識の客観性、真理性を導き出すことが可能になるはずであった。その企図にしたがって、西田はカント、リッケルト、ヴィンデルバント、ベルクソン(Henri-Louis Bergson 一八五九—一九四一年)、フィヒテ、ヘーゲル(Georg W. F. Hegel 一七七〇—一八三一年)などの哲学思想を検討するが、最後には「幾多の紆余曲折の後、余は遂に何等の新らしい思想も解決も得なかったと言わなければならない」[二・一一]と述べるに至る。だが「併し余は兎に角真面目に一度余の思想を清算して見た」[二・一一]というその後の一文は、この書の意義をよく示している。

8　意識現象の統一とはどういうことか

『自覚に於ける直観と反省』と『意識の問題』は、ともに直観と反省との結合の問題を扱い、ともに「絶対無限の意志」を究極とする立場に至る。前者は反省ないし意味に重心が置かれるのに対して、後者は直観ないし実在に重心が置かれることになる。西田は、『善の研究』が心理主義的だという批判にある程度の妥当性を認めたとしても、純論理派の立場に単純に移行したわけではない。心理派(純粋経験派)と純論理派という哲学的な対立を前にして、一方で論理的な思考の仕方を習得し、他方で意識現象を精神科学の基礎概念として考え直すということを行ったと言える。西田の自覚の概念は、この両方面での思索の練磨によって発展してゆく。

『意識の問題』では多様な観点から意識現象が考察されるが、その考察は、実験心理学となった近代心理学に対して哲学的反省をするという立場でなされている。この時期の西田が意識をどのように考えていたか、三つの観点から指摘しておこう。

第一は、意識統一とは何を意味するかという観点である。意識現象では統一作用とは別に統一する我というような実在があるわけではなく、統一作用そのものが意識の事実となるのであって、意識の総合的全体が実在的である。しかし、次々と作用が推移する現象は「私の意識」という仕方で統一されていることは否定できない。そのような「私の意識」が成立するのは、意志作用の内面的統一による［三・一六］。そこに思惟作用が重要な意味をもつ。意志作用と思惟作用とは先述の直観と反省に相当するが、決して別のものではない。思惟作用に於て純客観的である「意味」が意識内に働き、この意味がより深い統一の働きをすると考えられる。そこから西田は、「意識の起源には所謂物体の世界があるのではなく、意味の世界、可能の世界がある」［三・一七］と主張する。

第二は、意志が意識をどのように統一するかという観点である。意志は一つの意識内容から他の意識内容への推移を指す［三・八七］。つまり、西田は意志を意識の動性を表す語として用いている。西田によれば、精神現象における推移というのは、全体が自己自身を実現する過程である。精神現象においては、部分は全体の中にあり、全体は部分の中にある。全体の自己実現として私たちの意識は意味の世界、可能の世界に連絡するのであり、その連絡を担うのが意志になる。存在の世界が意味の世界に連絡するということは、私たちの意識内容が客観化するということである。西田は主観が客観に結合するというところに意志の本質を見て取っている［三・一四二—一四三］。

第三の観点は、意識と無意識の問題である。西田は無意識についてあまり多くを語っているわけではないが、彼の意識の考え方がよくわかるので言及しておきたい。西田によれば、意識作用とは意味から意味への内面的推移である。それは意味が一つの力として他の意味を引き起こすということである〔三・二〇〕。意味が他の意味を引き起こすということが成り立つには、無限な意味が一つの全体に統一されているということでなければならない。そうすると、意味が内面的に推移するとは、全体の中で見えなかったものが顕わになるということに他ならない。そこから西田は、意識されたものと意識されないものとの区別は actual（顕現的）と possible（可能的）の区別であり、現実は compossible（両立可能、即ち actual と possible が両立可能）であると考える〔三・二二〕。つまり、可能性として潜在するものが無意識ということになる。フロイト的な考え方から言うと、西田の無意識は下意識ないし潜在意識に相当すると思われるかもしれない。しかし、西田の念頭にあるのは、明らかにアリストテレス（Aristotelēs 前三八四―三二二年）の可能態（δύναμις）と現実態（ἐνέργεια）の区別である。possible なものが actual になるという運動が重要なのである。

明記されているわけではないが、この時期の意識という語の用い方を見ると、狭義と広義の二つの意味があるようである。狭義の意識は無意識と対比される意識を指し、広義の意識は意識と無意識とを含むものを指す。広義の意識は意味と事実の全体を指し、この全体が直覚的に与えられる一点が私たちの具体的な経験の中にあるというのが、西田の基本的な考え方である。この後、西田が「意識」と呼ぶのは広義の方である。広義の意識は後に自覚ないし自己として改めて考察され、根柢に向けて限りなく掘り下げられることになるが、そういう掘り下げが可能であるのは広義の意識が「意味即事実」の全体を指すからである。そして、「意味即事実」の意識現象は意識の統一において成り立つとされる〔三・二六〕。

興味深いのは、狭義の意識と広義の意識という考え方には、後に「場所」の考え方に発展するものが萌芽的に含まれている点である。つまり、意識と無意識との区別があるのは私たちが両者を統一した立場に立っているのだと考えて、この統一した立場をまた意識と呼ぶと考えることもできる。西田が意識の統一が極まる統一点というものを想定して、統一点は極限点のように到達不可能な点であろうと推測していることも、この後の思索の展開を考えると興味深い。西田はそういう統一点なしには広義の意識現象は成立しないと考えている。このような統一点の想定は西田中期の思索の前提となる重要な意味をもっている。

『意識の問題』での意識現象の解明は素描の段階であり、不十分なところも多いが、後に展開される西田独自の思索の材料がここに既に見出される。

9　生死の問題の考究と実践としての宗教

それでは、「絶対無限の意志」を究極の立場とするとき、芸術や道徳の事象はどのように考えられるのか。それを論じたのが、次の著作『芸術と道徳』（一九二三年）である。この書で西田は絶対意志を真善美の合一点としてそこから知識、道徳、芸術の関係を論じており、そこにはその後の西田の思索を方向づける重要な記述がある。

知識の中には単に人生の手段としてのみ意義を有すると考えられるものもあるが、科学的知識の如きものであっても、深くなればなる程、直に人生其者に意義を有つ様になる。科学的知識の根本概念の革新は人生其者に影響なくして止まないであろう、我々の哲学とはかかる意味の知識である。［三・三六八］

ここに、科学的知識が深いところで生死の問題と切り結ぶものであること、哲学も人生に意義をもつ知識であることが明瞭に示されている。この意味での知識論が、これからの西田の中心課題となっていく。そして、生死の問題はこの知識論の中に宗教の知として集約されるはずである。

真理を知る時、我々は自己を棄てて真理其者に従わねばならぬ、芸術的に物を見ると云うことは自己を物其者の中に没することでなければならぬ。共に自己を棄てて客観其者に従うのであるが、学問は情意を統一する能わざるが故に主観的であり、芸術は知識を統一する能わざるが故に主観的である。いずれの意味に於ても客観的となる時、そこに宗教的感情を生ずるのである。芸術的感情と宗教的感情とは往々同一視せられるのであるが、宗教の対象は実在でなければならぬ、宗教的感情の中には実在感を含まねばならぬ。宗教は単なる鑑賞や享楽でなく、深く真理の憧憬と真摯なる実行とを含まねばならぬ。宗教はしばしば反理性的と考えられるが、正法に不思議なしと云われる如く、反理性的なる宗教は迷信に過ぎない。［三・三八五］

西田の考える「宗教」は、真理を追究するものとして、学問や芸術以上に客観的な営みである。つまり、宗教は第一義的には、仏教やキリスト教のような特定の宗教への帰依や信仰を指すのではなく、生死における真理を求める考究と実践を指す。

宗教が客観的な営みであることは、宗教の対象が実在であることと同義である。真の実在を知ることが真の知識であるから、知識論は実在論でもある。この時期の西田は、真の実在は意志であると考える［三─九六］。意志の根抵に何らかの経験的内容を見て取るとき、意志は自然の世界の事象として心理学に属するが、意志が自己自身の本質に還って絶対自由の意志という形をとるとき、歴史の世界の事象として倫理・哲学の対象となる。

やがて西田はこのような絶対意志の立場に満足できなくなる。

注

1 「高橋（里美）文学士の拙著『善の研究』に対する批評に答ふ」に拠る。

2 昭和一一年に『善の研究』再々版を出す際の序で、西田は「今日から見れば、此書の立場は意識の立場であり、心理主義的とも考えられるであろう。然非難せられても致方はない。併し此書を書いた時代に於ても、私の考の奥底に潜むものは単にそれだけのものでなかったと思う」［一・六］と述べている。

3 Edmund Husserl, “Philosophie als strenge Wissenschaft”, in: *Husserliana: gesammelte Werke, Bd. 25*, M. Nijhoff, Dordrecht; Boston, 1987, S. 51.

4 「世界観哲学は一切の個別科学を客観的真理の宝庫として措定する。そして世界観哲学は、いまや物事に決着をつけ統一化してすべてを把握し理解するような認識への我々の要求をできるかぎり満足させることを、その内に目標と

してもっている限り、すべての個別科学を自らの基礎と見なしているのである。」[*Ibid.*, S. 47.]

5 *Ibid.*, S. 61.

6 氣多雅子「西田幾多郎『善の研究』——純粋経験は心理主義的か」『思想』二〇一五年一一月号、一一四—一二一頁、参考。

第二章　矛盾を包むものの追究——場所の論理

1　意識現象を論理的に解明する

西田が、その大枠において捉えていた意識現象を哲学的に解明するに至るのは、『働くものから見るものへ』（一九二七年）においてである。この著作には、一九二三年から一九二七年までの四年間の思索の成果がまとめられている。前編に五編、後編に四編をまとめた論文集であり、その一編ごとに西田の思索の歩みが進んでゆくのが他の著作に増して顕著である。前編の第一論文「直接に与へらるるもの」で目指すのは、その題が示すように直接に与えられるもの、つまり実在の捉え直しである。それまで真に直接に与えられるものは意志（働くもの）であると考えられており、それが絶対意志にまで突き詰められるに到った。意志の根抵に直観（見るもの）があると考えられてはいたが、直観が主題的に追究されることはなかった。そのことに思い至って、西田は真に直接に与えられるものを求めて、働くものの根抵に見るものを探索し的を絞っていく。著書の表題は文字通り、その歩みを示している。

西田の場合、見るものは知るものと同義であり、知ることは論理によって成立する。見るものの追究は意識現象の論理構造を徹底的に明らかにしようとする努力となる。後編第二論文「場所」で、西田の論理の代名詞となっている場所の論理が提示され、これが「論理的基礎附けの端緒」となる［四・五］。本章では、その論理がどのようなものであるかを明らかにしたい。

2 働きを場所との関係で考える

前編の最後の論文「表現作用」に「私は或物が変ずる、或物が働くと云うことと、或物が意味を表現する、意味の表現であると云うこととの区別を、働きとその場所との関係に於て考えることができないかと思う」［四・一六四］という文が出てくる。この論文には、「於てある場所」という独特の言い方も鍵括弧で括られて現れる。

この考え方が一つのまとまった着想となるのは後編の最初の論文「働くもの」においてである。最も厳密な意味で知ること（知識）と見なされるのは判断的知識であることから、西田はここで「AはBである」という判断的知識を考察の出立点とする［四・一七七］。『善の研究』では直接経験を考察の出立点としたが、ここで、判断的知識を出立点とした新しい思索が始まることになる。

「これ（A）は赤（B）である」という実在についての判断を例にすると、この判断に於て「これ」と言うとき、既に実在全体を見る立場に立っていると西田は考える。つまり、「これは赤である」と私たちが判断するとき、「これ」はいまだ何らの性質も賦与されていない何かを指しているわけではない。たとえば、私が赤い花を手にもって「これは赤である」と言うとき、私は花の形状を指しているのでも花の質感を指しているのでもない。「これは赤である」と言う段階で、私は既に花の色を問題にしているのであり、それだけでなく赤という色を問題にしているのである。西田の考えでは、「赤」という一般の立場に立って、一般的な赤が「これ」として特殊的赤に限定されたのが、「これは赤である」なのである。つまり、判断とは一般的なるものが自己自身を限定することなのである〔四・一〇二〕。

ここで核となっているのは、最初に実在全体が摑まれ、それが分析されて具体的な何かについての判断になるという考え方である。それ故、主語となるものは実在でなければならない。そして実在全体として摑まれたものが「具体的一般者」と呼ばれる〔四・一七八〕。したがって、判断は具体的一般者が自己自身を限定することによって成立するということになる。「限定する」という言い方は、ヘーゲルの「或る物は限界（Grenz）によって或る物自身なのである」という考え方に影響されており、「限界づける」および「規定する」という意味で用いられていると解される。[1]

判断には経験される実在についての判断だけでなく、抽象的思惟の判断もあることから、具体的一般者の自己限定の仕方については、この段階の西田の思索は試行錯誤する。しかしいずれの場合でも、具体的一般者が直観的に与えられるものとして「自己自身に同一なるもの」であることに西田は注目している。そして、明晰判明な知識は対象の「直観」とそれが何であるかという「意味」とが合一することによって成立すると考えて、それを自己同一の判断として捉える。つまり、対象を含む主語的面と意味を含む述語的面とが合一すると見なす同一判断によって、知識が成立すると考える〔四・一八二―三〕。実在にせよ非実在にせよ、すべての知識の対象界はこの主語面・述語面という両面に挟まれており、自己同一の判断の両面はすべてを挟んで無限に広がる平行面の如きものであると考えられる。そして、この主語面と述語面との合一は「単に映す鏡」であり、すべてを容れる「場所」であると言われる〔四・一八三〕。合一が単に映す鏡であるというのは、主語面と述語面とが合一作用というような作用によって一つになるのではないということを意味する。[2]

このような着想を、西田は綿密な考察によって場所の論理として仕上げてゆく。それを明らかにするには、まず「具体的一般者」について詳しく見ていく必要がある。

3 具体的一般者とは何か

論理学で特殊と一般というとき、たとえば、動物を一般とすると哺乳類は特殊、哺乳類を一般とすると馬は特殊となる。特殊と一般とは相関的なものであり、動物・哺乳類・馬という特殊化の方向と、馬・哺乳類・動物という一般化の方向とがあって、どちらの方向にも延長して概念を考えることができる。特殊化は条件を加えれば果てしなく続き、そのようにして概念となるものは唯一的な個ではない。この連続を飛躍的に越え出たものが「個物」である。同じことが一般化の方向にも言える。一般化の先を飛躍的に越え出たものが、「具体的一般者」の「一般者」である。つまり、個物と一般者は特殊と一般の相関関係の外に考えられるものである。

一般と特殊の相関関係における一般は抽象的一般であり、実在から離れて概念として独立したものを意味する。西田はこれを「一般概念的なるもの」と呼び、具体的一般者とは別の役割を認める。同一判断の主語面と述語面との合一は「単に映す鏡」であるというとき、この鏡の役割を果たすのが「一般概念的なるもの」である。論理を構成する一般と特殊と個物の内、西田は一般を基本に据えるため、一般なるものをまず追究することになる。私たちの意識は知識の内容を受け取る場として、いかなる場合でも一般概念的背景を離れることはないと考えられている［四・二二二］。

だが、判断が極まったものとされる直覚は主客合一と見なされるものであるから、直覚的立場に立つならば、映す鏡を必要としないのではないか。つまり、一般概念的なるものから離れるように思われる。西田は、そうではなく、直覚はかえって一般概念的なるものを突き詰めたところを指すと考える。ここで問題になるのは矛盾である。主語面と述語面との合一がすべてを容れる場所であると言われるときの「すべてを容れる」とは相矛盾するものをも容れることに他ならない。そもそも判断の論理は相矛盾するものを除去する役割をもつはずであるにもかかわらず、西田は、矛盾するということがどうして成立するか、に注目する。即ち、私たちは色と非色（色でないもの）のように両立不可能な概念について両者は「矛盾する」と判断するのであるが、どうして私たちはその両方の概念を考えることができるのか、ということである。

色と非色とを結合するのは、色でもなく、非色でもないものでなければならない。つまり、互いに矛盾する概念を統一するものは、自己自身の否定を含むものでなければならない。自己自身の否定を含むものは、否定なしには成立しないものであるから、否定することが自己自身を肯定することになる。西田はこのように考える。そして、否定することが肯定することであるものを、「概念の生滅する場所の如きもの」であると考える〔四・一九二〕。この「場所」は、それ自身は無でありながら有を成立せしめるものである。矛盾を矛盾として知るということは、「色」といった一般概念的なるものを破ってその外に出なければならない。そのとき破られる一般は対象化されたものとしての一般であり、破って出る外は「映す鏡」としての一般である。「映す鏡」は概念の矛盾を映すのである。対象化するということは場所（映す鏡）が場所自身を限定するということに他ならない。

「映す」という語を西田はしばしば用いている。「映すということは物の形を歪めないで、その儘に成り立たしめることである、その儘に受け入れることである。映すものは物を内に成り立たしめるが、之に対して働くものではない」〔四・二二六〕。先ほど、主語面と述語面との合一が合一作用によるのではないと述べたのは、この意味である。現実の物としての鏡はやはり有であるが、それと同様に、有である鏡は物に対して働きを及ぼして物そのものを歪めて映してしまう。それ故、鏡が真に映す鏡であるためには、鏡は対象を内に映しながらそれ自身が無であるということでなければならない。それ自身が無である鏡が、自己自身を照らす鏡、自己の中に自己の影を映す鏡なのである。

有である鏡が「有の場所」、無である鏡が「無の場所」に相当する。これを一般なるものについて言えば、有の場所は一般と特殊の相関関係のなかにある一般を指し、無の場所は一般と特殊との関係を超えた一般を指す。西田の考えでは、直接に経験される実在は後者の意味での一般である。

一般と特殊との相関関係のなかで、特殊なるものは一般なるものの部分であり、且つ一般なるものの影像であるから、この一般と特殊とは映す映されるという関係にはない〔四・二二七〕。映す映されるという関係は、何かが何かに於てあるというところに成立する。これを西田は「於てある場所」と

「於てあるもの」との関係として定式化する（「於てある場所」は単に「場所」と言われることが多い）。映す映されるという関係は、直接的な経験の背後に本体というようなものを考えないことを徹底したものと言える。「於てある場所」が「於てあるもの」を自己自身の中に映す、この映す映されるということから、すべての多様な関係が説明され得るというのが、西田の考えである。

そうすると、さまざまな「場所」が輻輳的、重層的に考えられる。認識の成立する場所、感情の成立する場所、意志の成立する場所、美的体験の成立する場所等々があり、そのなかの認識の成立する場所ひとつとっても、形式と質料の対立の成立する場所、真と偽の対立の成立する場所等々があると考えられる〔四・二二二―二二三〕。また、或る意識現象と別の意識現象とが関係するという場合でも、それらの意識現象が「それに於てある」ところの場所（これは「意識の野《や》」と呼ばれる）との関係から説明され〔四・二二〇〕、意識作用と対象が関係するという場合でも、意識と対象が関係する場所から説明される〔四・二二一〕。物（物理的空間）と物（物理的空間）との関係についても、物理的空間が於てある場所がなければならないとされる。

このように、「於てある場所」と「於てあるもの」とは、あらゆる内容の関係についてその関係を成立せしめる形式であると解することができる。これが「場所の論理」と呼ばれるものの最初の形である。「於てある場所」と「於てあるもの」との関係は伝統的な論理学の論理的形式によって限定することのできないものであり、逆にそのような論理的形式そのものがそこで成立するわけであるから、場所の論理は形式の形式を扱う論理であるということになる〔四・二二三〕。

4　個物はどのように考えられるか

具体的一般者が実在的なものだとするとき、特殊と一般の相関関係を特殊化の方向に越えるもの、即ち個物についても解明が必要である。個物とは、通常は人間ならば特定の人間、ソクラテスのような固有名で表されるものを指すと考えられるであろう。しかし、固有名の問題と個物の問題とは同じでない。西田において、個物は判断の構造から明らかにされねばならない。

判断は「AはBである」を基本とするが、この判断の構造を西田は、概念の特殊と一般、命題の主語と述語[3]という二つの関係によって考察する。まず特殊と一般との関係であるが、これには二種類の理解の仕方があるとする。一つは、一般的なものが基になって特殊なものを包むという理解の仕方で、「特殊が一般に於てある」と定式化される。もう一つは、特殊なものが基になって一般的なものをもつという理解の仕方で、「特殊なものが一般的性質をもつ」と定式化される［四・二七三］。後者は結局、実体と属性の関係となるが、西田は、この関係には既に主客の対立が含まれており、主語となるものが外に射影されていると考える。そうでなければ、一なる特殊なものが多なる一般的性質をもつことはできないからである。それに対して、前者はそのような対立構造をいまだもっていない、と西田は言う。それはどうしてか。

それは、「特殊が一般に於てある」という形がそもそも意識の立場での一般と特殊のあり方を写したものだからである。意識の立場で見ると、一般と特殊とは無限に重なり合うのであり、その重なり合いは一般が「於てある場所」となり特殊が「於てあるもの」という関係になる、と西田は考える（この重なり合いがどういうことかということは後で説明する）。この重なり合いは最終的な一般に至りつかねばならない。この最終的な一般は一般と特殊の関係を超越した一般者である。この一般者を限定することで主客対立の構造が出てくるのであるから、「特殊が一般に於てある」という判断の理解の仕方は、主客の対立が起こる以前のところまで及んでいることになる。主客の対立以前のところとは実在そのものであり、主客の関係を越えてそれ自体客観的なものと考えられる。他方、「特殊なものが一般的性質をもつ」という場合は、具体的であるのは特殊の方であり、一般は抽象的である。言い換えれば、「特殊なものが一般的性質をもつ」は特殊が客観的で一般が主観的だということになる。

したがって、「特殊が一般に於てある」と「特殊が一般的性質をもつ」とは、事象の捉え方に射程の違いがあり、前者の方が根本的だとされる。それを踏まえた上で、改めて前者を判断の形式において考察するとどうなるか。「特殊が一般に於てある」はまた「一般が特殊を包摂する」とも言い換えられるものであるから、西田はこれを包摂判断と呼ぶ。この包摂の関係が場所とそこに於てあるものとの関係に他ならない。「一般が特殊を包摂する」という関係は、特殊を包摂する一般をさらに包摂する高次の一般というように入れ子状に広がってゆく性格のものであり、類と種の関係とも言い換えられる。この広がりが概念の体系を形成する。この一般化の広がりは同質のものであり、特殊をどこまで一般化していっても、その一般は特殊性を脱却することはできない。この広がりは逆の方向では一般的なものの特殊化となるが、この方向でも同様である。一般をどこまで特殊化していっても、その特殊は一般性を脱却して個物に至ることはできない。

それを脱却して個物を考えるには、「主語となって述語とならない」ということが付加されなければならない、と西田は言う［五・三三〇］。ここに、特殊と一般に加えて、主語と述語という関係が新たに考えられてくる。「主語となって述語とならないもの」とはアリストテレスの第一実体の規定である。[4] アリストテレスの規定は「特殊なものが一般的性質をもつ」という西田が退けた方の関係に基づいているが、それを西田は、一般が基となって特殊を包むという理解の地平に置くことによって、主語と述語の関係をひっくり返す。

西田は、判断の主語と述語との関係は、それをどこまでも主語的方向に進めて行くと考えることができると共に、どこまでも述語的方向に進めて行くと考えることもできる、と言う。前者は、主語となって述語とならないもの、つまり個物へと至る。個物を一般と特殊の関係のなかで考えるならば、一つの系列に従い類を特殊化していって最後の種にまで至ったとき、その最後の種を越えてさらに特殊化の方向に押し進めたものが「個物の如きもの」だということになる。アリストテレスのように特殊を基にして考えても、西田のように一般を基にして考えても、主語と述語という命題的関係の枠を超えたところを突き止めようとすることは同じである。だが、西田はその枠はアリストテレスが考えたような主語的方向では十分に超えることはできず、述語的方向に超えることによって真に可能であると考える。

問題は述語的方向にどう超えるかということであるが、西田は次のように説明する。即ち、類を特殊化していって種が成立する過程は、相反する種差の一方を排して他方を取るという仕方で進んでゆく。最後の種においてその相反する一方を排して唯一のものとなるとき、その種差は互いに相反するものではなく、もはや相矛盾するものとなると考えなければならない。相矛盾するものには両者を包摂する一般概念というものがなく、この相矛盾する種差の一方をさらに特殊化の方向に押し進めてゆくところに、自己同一なるものが考えられる。これがこの時点で西田の考える個物である。

この場合の最後の種差とは何であろうか。たとえば、脊椎動物を特殊化すると哺乳類、鳥類、爬虫類などに分けられ、哺乳類はさらに霊長類、齧歯類などに分けられ、霊長類はさらにヒト、ゴリラ、テナガザルなどに分けられる。生物学的にはヒトが最後の種になるにしても、人種や性差や年齢などによってヒトはさらに特殊化され得る。人種や性差や年齢が同じでも、言葉や習慣や服装など、特殊化する材料に限りはない。どこまでいっても、この連続のなかで最後の種差を考えることはできない。つまり、最後の種差となるものは内容ではなく、ソクラレスというような自己同一なるものに於て自己同一を成り立たしめるものの有無である。最後の種差とは、要するに、「…である」と「…でない」という違いであると考えてよかろう。「ソクラテスである」ことと「ソクラテスでない」こととは両立不可能であり、両者は矛盾の関係にある。この相矛盾するものを包摂するのが同一判断であり、そこに自己同一なるものが成立する。先に、具体的一般者が直観的な所与として自己自身に同一なるものだということを見た。つまり、この自己同一なるものが個物的なるものだということになる。

5　述語となって主語とならないもの

さて、アリストテレスは基体としての存在である実体を、主語となって述語とならないものであるにもかかわらず定義されるもの、と考えた。[5]西田はここに注目する。定義されるということは、何らかの意味で述語づけられるということである。ここで求められるのは、一般的述語性が完全に否定されるにもかかわらず、一般概念を越えて包む述語的なるものである。一般概念を越えるということは、最後の種差である「…である」と「…でない」の矛盾対立を包摂するものを考えなければならないということである。この一般概念を越えて包む述語的なるものを、西田は「述語となって主語とならないもの」という言い方で表す。

西田は、包摂判断における一般と特殊の関係を、一般を場所としてそこに特殊が重なり合うこととして理解しており、一般と特殊とは映し映されるものではないと述べている。他方、包摂判断における主語と述語とは、重なり合いではなく、映し映される関係のものと考えている。もっとも、具体的一般者にまで達すると、一般は映す鏡という語で表され、最終的にはこの違いは止揚されるが、西田の考察は一般と特殊、主語と述語という二つの関係を使い分けることで進められる。この二つの関係の使い分けが、論理学的にどのような意味をもっているかを説明しておく必要がある。

アリストテレスによって完成された古代論理学は、中世において神学の釈義の方法として重用されるが、近世になるとその性格を大きく変えていく。その変化を最もよく示すのは、アリストテレスの三段論法の構成要素である「項（horos）」と「命題（protesis）」が、近世のポール・ロワイヤル論理学では「観念（idée）」と「判断（jugement）」に言い換えられたことである。観念と判断は思考を構成するものであり、英語では idea と judgement、ドイツ語では Begriff と Urteil に訳された。デカルトの強い影響下にあるポール・ロワイヤル論理学は、「私は考える（cogito）」ということを論理学の根本に据える。ここから、論理学は人間の思考のあり方をめぐる学として、認識論と密接な関係のもとに論じられる流れができてくる。この流れのなかにカントの超越論的論理学が位置づけられ、その延長線上にヘーゲルの弁証法論理学が生まれるわけである[6]。

西田の論理の考え方がカントやヘーゲルの思想と非常に近い性格をもつことは確かであるが、西田がいつも引き合いに出すのはアリストテレスである。西田はヘーゲルを通してのアリストテレス論理学ではなく、アリストテレス論理学そのものの中に、人間の思考のあり方を扱う論理学と形式論理学の両方を見て取ろうとしているのではないかと思われる。つまり、西田の一般と特殊との関係は論理の方面を表し、主語と述語との関係は意識の方面を表すと解される。また、重なり合いは矛盾の方面を表すのに対して、映す映されるは自己同一性の方面を表すと解される。この二つの関係のどちらを欠いても、一般者の自己限定の段階的な深化を追うことはできない。そして、いずれの関係も「真の無の場所」に於ける一性に収斂してゆくものとして捉えられる。ただし、西田はこの二つの関係を明確に使い分けているというよりも、二つの関係の違いによって彼の思索が導かれていると言ったほうが適切であろう。

以上のことを確認した上で、重なり合いと映し映されるの関係を考えてみよう。

一般と特殊の相関関係の内にあるものは、有の場所と有の場所の重なり合いとして理解される。これが概念（言葉）によって表されるものである。一般と特殊の相関関係を越え出ると、概念の関係としては成り立たなくなり、無の場所に於ける重なり合いとしてようやくそれを捉えることができる。

これは概念によって直接に表すことはできないが、間接的に指し示すことはできるものである。

そして、「述語的なるものが映す鏡であり、見る眼である」［四・二四八］と言われるように、主語的なるものは映されるもの、述語的なるものは映すものである。[7] 主語は包まれるもの、述語は包むものという言い方もされる［四・二六二］。西田にとって、述語的なるものは意識の場所であり、主語と述語は意識の場所での関係の仕方を表すものである。述語が主語を映す、述語が主語を包むという関係は、その極まる所で「主語面は述語面の中に没入する」に至る［四・二六二］。このとき、述語的なるものが基体となり、「主語となって述語とならないもの」は「述語となって主語とならないもの」の中に没し去る。個物と一般者はここで直ちに一となる。この場所が真の無の場所である。

「述語的なるものが主語となるものを包む」という構造はここに極まるのであり、これが述語的論理の構造である。判断に於て真に主語となるものは述語的なるものの内にある。一般的なるものが真に主語となるのである。判断が一般的なるものの自己限定である（一般者の自己限定）とは、そういうことである。これが意識の場に於て成り立つ判断のあり方である。ちなみに、主語的論理の方は「主語が述語をもつ」という構造になると解される。

6 有の場所／対立的無の場所／真の無の場所

では、一般を場所としてそこに特殊が重なり合うとは、どのような関係を指すのであろうか。それには、「意識の場」「意識の場所」「意識の空間」[8] などの語で西田が語っていることが手掛かりとなる。

「意識の空間」という語は私の見る限り一箇所しか出てこないが、西田は物理的空間との違いを明らかにしようとしているから、対比する意味で「意識の空間」の語をここでは用いたい。[9] 西田において、空間的であるということは物の一般的性質であり、空間はすべての物を包摂する一般概念である。したがって、物の空間と意識の空間との対比は、最も根本的な意味で物と意識の対比となる。

しかし西田はそもそも、空間と時間とを分けて考えることに異議を唱える［四・五八］。空虚な時間・空間があってその中を物が動くというのではなく、変化（「変ずるもの」）や作用を及ぼす（「働くもの」）という事象がまずあってその中に時間空間が含まれている、[10] というのが西田の基本的な考えである。物理的世界において時の前後があり時の経過が起こるということは、時間が空間的関係を含んでいることを示している。意識現象といえども客観的時間において生滅するのであるから、どこかで客観的な空間と結合しているはずである。このように考えて、「時は一次元的であるというが、意識現象がそれに於て生滅する「時」は、単に一次元的直線という如きものではない、唯その空間的方面の零と考えられたものである、恰も静止せる空間に於て時が零と考えられると同様である」［四・五九］と西田は言う。たとえ空間がゼロであるにせよ、空間を含む時というのが、西田の考える意識の「時」であり、「真の時」である。重要なのは、「かかる「時」（真の時）は意識現象の中に含まれて居るのであって、意識現象がかかる「時」に於て起るのではない」［四・五九］という点である。

では、改めて特殊と一般の場所的関係を見てみよう。「特殊は一般に於てある」を場所的に言うと、特殊が「於てあるもの」であり、一般が「於てある場所」となる。例えば、赤や青などの種々の色が「於てあるもの」であるとき、色の一般概念が「於てある場所」となる。この関係は有が有に於てあるという関係であり、「於てある場所」は「有の場所」である。一般概念としての色は種々の色という仕方での体系を成して自己自身に於てあるのであるから、そこに有と無の対立はない。この場合の「於てある」の「ある」は存在の意味ではなく、包摂関係を示すものである。

自然界に於て物があるという場合、その「ある」は存在の意味になる。包摂関係を示すのは繋辞の「(で)ある」である。西田は論文「内部知覚について」(一九二四年)では、「繋辞の「ある」は存在の「ある」に依存すると考えることができる」〔四・一〇八〕と述べているが、論文「場所」(一九二六年)では、「所謂存在とは一般的繋辞の特殊なる場合と考えることができる」〔四・二三〇〕と述べている。この違いは述語的論理の考え方に進展があったためであろう。後者の考え方に立つと、存在と包摂関係とは本質的な違いがないことになるから、自然界に於て物があるという場合、やはり有と有の関係になる。

認識を対象と作用に分けて論じるならば、いま延べたことは対象の方に当たる場所のあり方である。難しいのは作用の方である。有るものが認識されるとき、そこに有と無の対立が現れる。有るものを認識するとは、有るものがそれの於てある場所に映されるということであるが、西田の考えでは、その場所は無でなければならない。有の場所は、有るものをそのまま映すことができないからである。有の於てある場所は無の場所であり、そこに対立的対象の世界が現れてくる。そしてそこに、意識作用としての判断作用が現れる。西田において、判断作用とは一般なるものとしての無を特殊化する作用である。しかし、この無はどこまでも有の性格を残している。判断作用には作用の基体が伴うからである。その基体は有ではなく無の基体であるが、基体であるかぎり、有の性格を残すのである。したがって、この無の場所は真の無の場所ではない。その無は有に対立する無であって、この無の場所は対立的無の場所に止まる。この対立的無をその内に包む無が考えられねばならず、意識作用がそこに於てある場所が考えられねばならない。これが真の無の場所である。西田の無の場所の考え方は、このように要約できる。

真の無の場所に、意識の空間の特質が顕著に現れている。有の場所については、物理的空間をモデルにしたイメージで支障はないであろう。しかし、無の場所についてはそうはいかない。私たちは無の場所というとき、どうしても空虚な三次元空間、真空状態のようなものをイメージしてしまう。しかし、空虚な三次元空間は有るものをすべて取り去った空間であり、有るものに対して空虚なのであるから、どこまでも対立的無の場所である。物理的空間のイメージが及ばないのが、真の無の場所である。対象として現れない無を、現れるものの背後に何か潜在するものであるかのように考えてはならない。「意識の背後は絶対の無でなければならぬ」［四・二三二］。西田の考える意識は、隠れと顕われ、覆蔵性と非覆蔵性の場所ではなく、変化と生滅の場所である。先ほど、意識現象がそれに於て生滅する「時」は空間的方面の「零」の時である、という西田の言葉を引用したが、この場合の空間的方面とは物理的空間を指すと解される。無の場所とは物理的空間がゼロである空間を指しており、物理的空間がゼロであってなお拡がりであるようなところ、それが意識の空間であると解される。

7　転回点としての矛盾の意識

有の場所から無の場所への移行も、物理的空間に於ける場所の移動のようなものをイメージするなら、西田の場所の考えを取り違えることとなる。では、この移行はどのようなものであるのか。

私たちが客観的対象を感性的に認識する世界（構成的範疇の世界）は有の場所であり、そこでの一般というのは色や音や香りなどの限定せられた性質の一般概念ということになる［四・二二七―二二八］。その対象認識を思惟する反省的範疇の世界は対立的無の場所であり、この対象界は（意志的な）力の場と考えられている。このような力の世界を見るには、色や音といった限定せられた一般概念を破ってその外に出なければならない。そのような一般概念の外に出ることを、西田は「矛盾の世界に出る」と表現する［四・二五四］。場所の移行の問題もまた矛盾の問題に他ならない。

西田はアリストテレスの「矛盾」を踏まえた上で、それを別の地平に置く[11]。先に、包摂判断が、一般を場所としてそこに幾つもの特殊が重なり合うこととして理解されていることを述べたが、この特殊は相異なるものないし相反するものであり得る。ただし、一般の面と特殊の面とが合一する場合には（これを西田は「一般と特殊との間隙がなくなる」と表現している）、特殊は互いに矛盾する、と西田は考える。つまり、一般と特殊に間隙があるときは、相異や対立、相反にとどまり、西田が矛盾と呼ぶものは成立しない。一般と特殊に間隙がなくなるのは、その一般と特殊が共に判断の述語面に映されたものである場合である。矛盾は判断の述語面に映されたもの相互の間で起こるのであり、主語面では矛盾でなく対立が起こるに過ぎない［四・二七七］。言い換えれば、矛盾が成立することと、無の場所に至ることとは同義なのである。

有の場所からその根柢である無の場所に至るということは、相異の関係にあったものの中に矛盾の関係を見てとることに他ならない。矛盾を見ることにおいて、有の場所そのものを無の場所と見るようになるのである〔四・二五四〕。限定せられた一般概念の外に出るということは、その限定を越えるということであり、真に一般的なものに至るということになる。

この場合の矛盾が、もはやアリストテレスの規定する判断における矛盾の枠を越えていることに注意する必要がある。それは「矛盾的対立」や「矛盾的統一」という西田の言い方にも表れている。矛盾は対立や統一と別のことではないのみならず、この矛盾においては、対立と統一も別のことではない。対立が克服されて統一に至るという経過をたどるわけではない。示唆に富むのは、西田の「矛盾の意識」という言い方である。

私の所謂場所が限定せられ得るかぎり、即ち一般概念が対象化せられ得る限り知識の範囲に属するが、之を越ゆれば判断はその限定作用を失って意志の世界に入る。矛盾の意識は判断の意識から意志の意識への転回点を示すものである。此の如き判断的知識の背後の意識、即ち真の無の場所というべきものは何処までも消えるものではない。その究極に於て意志をも越えて、上に云った如き純粋状態の直観に到る。此時、我々は再び矛盾の意識の超越を見る、前者は判断の矛盾の超越であり、後者は意志の矛盾の超越である。意志の矛盾を超越することによって我々は真の無の立場の極限に達するのである。〔四・二四九〕

判断の意識から意志の意識への超越、さらに意志の意識から純粋状態の直観への超越について、この段階での西田の説明は十分納得のいくものではない。この段階では、「矛盾の意識」がその超越の転回点となることを確認したい。先に、矛盾を矛盾として知ることは一般概念的なるものの外に出ることであり、その外は「映す鏡」としての一般であることを見た。この鏡に映ったものが矛盾の意識に他ならない。

概念としては捉えられない矛盾が鏡に映るとはどういうことか。西田は、有が真の無に於てあるという関係を映す映されるという言葉で示すわけであるが、そこでは、映すものと映されるものとは直ちに一であるとされる。その一を西田はこう説明する。「その一とは両者の背後にあって両者を結合するということではない、両者が共に内在的であって、而も同一の場所に於て重り合うということでなければならぬ」[四・二五六]。先に、重なり合いは矛盾の方面を表し、映す映されるは自己同一性の方面を表すと理解したが、その両方面がここでカチリと一つになる。

「共に内在的である」とは映すものと映されるものが共に意識の空間の内にあることを示しているが、この内が、コップの内に水があるというような物理的空間の意味でないことは言うまでもない。「同一の場所に於て重なり合う」ということは一性の端的な表現である。この事態を具体的に説明するために、西田は音楽の例を挙げる[四・二五五—二五六]。音楽を聴くとき、さまざまな音が一つの聴覚的意識の野《や》に於て結合し、それぞれの音が自己自身を維持しながら、その上に一種の音調が成立していると考えることができる。音が個々に独立しているということは、音が相互に異なり、対立しているということである。音が相互に結びついて一つの調和を形成しているということは、統一されているということである。つまり、対立と統一が共に成立しているわけである。

「意識の野」という語は、普通は感覚知覚に関して用いられるようであるが、西田はそれに加えて思惟にも「思惟の野」を考えようとする。感覚的な意識の野は、感覚知覚が純粋直観としての空間によって秩序づけられるため、外的空間の性格が含み込まれている。言い換えれば、ここではまだ矛盾は成立せず、一性は矛盾的統一の一性ではない。それに対して、思惟の野は意識の空間の特質を純粋にもつことになると解される。そのため、そこでは場所の関係が直截に現れて、「思惟の野に於て重り合うというのは、一般なるものを場所として、その上に特殊なるものが重り合うことである」〔四・二五六〕。そして、この重なり合いで、一般と特殊に「間隙がなくなる」場合が「矛盾」となる。互いに重なり合うもの同士は決して融合することがなく、ぴったり一致すればするほどそれぞれの独立が際立つ。一致すればするほど別々になり、別々であればあるほど一致する。これが、意識の空間における「矛盾」であると解される。

融合することがないから、矛盾するものの重なり合いは限りがない。それ故こう言われる。「(物理的)空間に於ては、一つの空間に於て同時に二つの物が存在することはできないが、意識の場所に於ては、無限に重り合うことが可能である」[12]〔四・二五六—二五七〕。対立が先鋭化すればするほど、統一は深くなる。対立と統一とは矛盾の二つの側面であると言ってもよいであろう。

8　同一判断による個物への飛躍

矛盾はまた、抽象的一般が具体的一般へと転ずる境目ともなる。抽象的一般概念と違って、具体的一般は相矛盾するものを包むものである。そして、具体的一般を根柢として個物を考えるためには、そのものが唯一なるものとして限定される必要がある。唯一なる個物は自己自身に同一なるものでなければならないから、「AはAである（ソクラテスはソクラテスである）」という同一判断によって限定せられる。

特殊と一般の連続的移行から矛盾を包む一般へと飛躍させるのは、この同一判断にほかならない。西田は次のように言う。

> 甲は甲であるという同一判断によって同一なるものが限定せられる時、その主語と述語とは判断の主語と述語との関係に於ては異なったものでなければならぬ、而も此判断によって言い表されるものが一なるが故に、主語と述語とを転換することができる、この判断の主語となるものに於て主語と述語と同等となる。かかる意味に於て主語的なるものが却って一般的として述語的なるものを包むということができる。〔四・三三六〕

最初の文で言われているのは、主語のA（甲）と述語のA（甲）とは異なったものであるが、「AはAである」という判断によって同一とされるのであるから、主語のAと述語のAとを転換することができるということである。これはどういうことであろうか。

ハイデガーも「同一性の命題」という講演で西田と相通ずることを述べている。ハイデガーは「AはAである（A ist A）」という同一性の命題が言い表そうとすることを、「それ自身と各々のAは自ら同じである（Mit ihm selbst ist jedes A selber dasselbe）」と表現する。ハイデガーはこの自己同一性（Selbigkeit）のなかに「それ自身と（Mit ihm）」の関係を見て取って、そこに「一つに統一すること（die Einigung in eine Einheit）」が存すると考える。つまり、或るもの（主語A）と或るもの（述語A）とが同一であるという判断は、或るもの（主語A）と或るもの（述語A）とが別であるからこそ為されることである。同一判断は、主語Aと述語Aとを統一する前に、主語Aに対して別のものとして述語Aを立てなければならない。ハイデガーは同一性の命題に、それ自身を異化した上で、それ自身と異化したものとを統一する、という思惟の動きを見て取るのである。[13][14]

同一判断が主語Aと述語Aという異なったものを統一することだということから、西田が引き出そうとするのは、主語と述語とを転換できるということ、主語となるものに於て主語と述語とが同等となるということである。

そのことの意味を考察する前に、主語とはどういうものかということを確認しておきたい。

判断の主語となるものは如何なるものであるか。判断とは繋辞によって述語を主語に加えて成れるものではない。此机が樫から造られてあるという時、その主語となるものは実在でなければならぬ、判断の基には何時でも具体的一般者があるのである。此机という時、我々は既に実在全体を見る立場に立って居るのである、総合的統一の立場に立って居るのである。……総合的統一の立場に於て限定せられたもの、全体の意味を担うものが主語と考えられ、限定せらるべきものが述語と考えられるのである。［四・一七八］

西田が述語的論理主義を掲げることは主語を軽視することではない。主語は実在を担うもの、全体の意味を担うものという不可欠の役割をもつ。他方、述語は意味づけられるものの全体を示すものである。つまり、判断的知識に内在的なるものが限定せられることで述語となるのである。それ故、同一判断に含まれる主語と述語の転換は、主語が担っていた「実在全体を見る立場」を述語が担うという転換になる。主語に代わって述語が総合統一の立場に立つことになるのである。これは先に、「述語となって主語とならないもの」として考えたのと同じことを意味する。そしてこの統一の立場の上で、主語的なるものが述語的なるものを包むことになり、それが「個物」となる。

本章の論述には同一判断の語が既に幾度か出てきている。まず、判断的知識は対象を含む主語的面と意味を含む述語的面とが合一する同一判断によって成立するということであった。また、自己同一なるものとしての個物も、最後の種差を包摂する同一判断によって成立すると考えられていた。いずれも同じ事柄が問題になっている。つまり、主語面と述語面との対立も最後の種差も矛盾というところまで突き詰められるのであり、同一判断は相矛盾するものを包摂することで抽象的一般を超越するという働きをもつと考えられる。この同一判断が、西田の考える判断的関係の核心をなす。この超越によって私たちは抽象的一般から具体的一般に転ずるとされる［四・三三七］。そして、「最後の種それ自身の矛盾的統一によって抽象的一般から転じて具体的一般に入る時、かかる一般者の最後の種に当るもの、即ち最初の具体的というべきものが主語となって述語となることなき個物である」［四・三三七］と言われるように、その転回のとば口に位置するのが個物である。

9　無限の層をなす具体的一般者

このように考察を進めたところで、具体的一般者について確認と補足をしておこう。具体的一般者とは実在的なるもの、直覚によって与えられるものであった。具体的一般者が抽象的一般と違うのは、自己の内に所与の原理を蔵す点、別の角度から言えば、自己の内に特殊化の原理を含む点である［四・三三九］。所与の原理を含むとは、具体的一般者が感覚知覚（直覚）[15]という仕方をとって自己自身で自己自身に自己自身の内容を与えることを指す［四・三四〇］。特殊化の原理を含むとは、具体的一般者が自己自身の主語となって自己自身について述語することを意味する。主語と述語は概念であり、ここに概念と概念の関係が成立する。つまり、具体的一般者は直覚的方面と概念的方面とをもつ。そして、この二つの方面を内面的に結合させるのが同一判断であり、この同一判断によって一つの具体的概念が成立するわけである。

ここで西田が考えていることは、カントが『純粋理性批判』の超越論的感性論と超越論的分析論で論じていることと、あるところまで同じであろう。直覚的方面と概念的方面とを結合する同一判断は、カントの場合の構想力の役割を果たし、経験的認識を成立させる。個物はカントで言うと「物自体(Ding an sich)」に当たる。カントの物自体は感性的に直観できないため、人間の認識能力の及ばないものである。それ故、カントは経験的世界の認識と物自体の認識を切り離して、物自体はそのまま仮象の領域にしてしまう。しかし、西田はそれでは済ませない。たとえば、私が眼の前の花瓶を指さして、「これは青い」と言うとする。私の経験的事実を主語としてこういう判断が成立すると認めるかぎり、その述語の「青い」は個色としての青でなければならない、と西田は考える［四・三四一—三四二］。「これは青い」という判断が成立するからには、個色青において直覚的なるものに直接して、それを包む一般者が考えられなければならない。

そういう一般者を考えることは、述語的論理の問題となる。先に、西田の一般と特殊との関係は論理の方面、主語と述語との関係は意識の方面を表すと述べた。場所の論理はこの二つの方面をもつわけであるが、意識の方面が特に述語的論理と呼ばれる。述語的論理とは、判断を判断の形式から考えるのではなく、判断意識そのものの自省から考えるということである。つまり、経験の事実として意識せられたものを自省することによって、「これは青い」というような判断が成立すると考えられる。場所は論理としては知識を成り立たせる関係の形式であり、述語的論理と結びつくことで意識の構造を示す思想となるのである。

この述語的論理の考え方でいくと、判断意識を述語面として考えることができる。特殊と一般の相関関係を特殊化の方向に越え出たところで個物（個色青）が考えられるわけであるが、その相関関係を一般の方向に越えたところに、最後の一般をも包む一般者というものを西田は考えようとする。この一般者は述語面としての意識であり、この意識は超越しているという意味で超越的述語面と呼ばれる。これが「述語となって主語とならないもの」に他ならない［五・一三二］。超越的述語面において主語面は述語面のなかに没入している、と西田は言う。述語面に対応して主語面という表現が出てきて、個物は超越的主語面ということになる。

西田は、判断的知識は具体的一般者の自己限定として成立するとして、判断的知識の体系をこのような具体的一般者の無限の層であると考える。カントが仮象と見なしたものも、この無限の層の中に組み込まれる。「主語的方面に於て無限に深い直覚的なるものが見られると共に、述語的方面に於て之を包む無限大の一般的なるものが認められねばならぬ」［四・三四二］という概念的知識の構造が、この無限の層を支えている。ただし、概念的知識の領域が野放図に広げられるわけではない。それ自身を知識的に限定することのできないものについて、その背後が否定的一般者たる意識面を以て裏づけられているかどうかということが問われることになる［四・三四五］。

10　変化生滅をどうやって捉えるか

さらに西田は、具体的一般者の構造的に完全な形を求めて、推論式的一般者に到る［四・三六二］。判断の判断的関係は同一判断に凝縮されるのに対して、判断の直覚的方面の問題は推論式において表に現れる。直覚的なるものをどう考えるかは「時」をどう考えるかということと結びついている。西田の思索は試行錯誤を繰り返し、推論式的一般者という考え方に行き着く。

推論の典型となるのは論証における推論である。そして、推論式の基本となるのは三段論法であり、定言三段論法の代表的な型を示すと、「MはPである。SはMである。故に、SはPである」となり、大前提、小前提、結論で構成される。Pは大語、Sは小語、Mは媒語と呼ばれるが、西田は場所的に捉えて、しばしば大語面、小語面、媒語面という言い方をする。判断は表に表れているかぎり、単純な特殊と一般の関係であるのに対して、推論は中間項が加わることで三重の特殊と一般の関係となる。結論の一重の関係の中に、二重の関係が折り畳まれているという言い方もできる。推論式は媒語によって小語と大語との関係を明らかにするものであるから、媒語が推論を成り立たせると言える。推論式において判断的関係を担うのは、媒語である。

具体的一般者を考察するのに重要なのは、推論式的一般者のなかでも「非合理的なるものを包んだ推論式的一般者即ち帰納法的一般者」である[16]。具体的一般者は直覚的方面と概念的方面とをもつが、非合理的なるものとはその直覚的（感覚・知覚的）なるものを指す（非合理的なるものについては後で説明する）。経験内容について述語する事実的知識を成立させるのが、非合理的なるものを包んだ推論式的一般者の限定であると解される。この推論は論証ではなく帰納法であり、直覚的なるものを包むことの意味はこれによって明らかになる。つまり、西田が帰納法的推論式として扱うのは認識論の内容なのである。

まず、これまで通り、具体的一般者を判断的一般者と考えるとどういう問題が生ずるかを見てみよう。西田がよく例にする色の判断を考えると、主語となって述語とならないと考えられる超越的主語面に於て本体としての色の体系が見られ、述語となって主語とならないと考えられる超越的述語面に於て色の抽象的概念体系が見られると考えることができる。つまり、具体的一般者に於ては、その主語的方向に於て自己同一的なる基体が見られ（この基体は直覚されるものである）、その述語的方向に於て抽象的な一般概念が見られる。注意しなければならないのは、超越的主語面と超越的述語面とが単純に対立するわけではないという点である。超越的主語面は基体としての色が考えられるような有の場所であり、それと対立する述語面は単なる意識面として対立的無の場所である。このままでは、この判断の一般者は抽象的一般者である。つまり、実在についての判断は成立しない。判断が具体的一般者の自己限定として成立するとするなら、述語面は主語面を否定し、しかも否定した主語面を自己自身の内に包むものでなければならない。そういう仕方で主語面が述語面の中に没入したものとしての超越的述語面が、真の無の場所である。

正確にはこの段階に至って、具体的一般者は自己自身の中に矛盾を含むものとして自己自身を限定するのである。このとき、超越的述語面が超越的主語面を包むというところに「変ずるもの」が考えられる。つまり、生成変化ということが考えられる。ただし、超越的述語面の超越的主語面に対する否定が十分でない場合は単なる変化にとどまり、超越的述語面が否定即肯定という十全な矛盾的統一を含む場合に至って、生滅という真の意味での変化を考えることができる。具体的一般者を判断的一般者と考えることで明らかにできるのは、ここまでである。「変ずるもの」がどのような仕方で考えられるかは、見えてこない。ここから先に考察を進めるには、具体的一般者を推論式的一般者として考える必要がある。

11　経験的知識の成立

西田は、判断を判断的一般者が自己自身を限定することとして理解する。推論とは判断と判断との関係であり、推論式的一般者というのは自己限定する判断的一般者相互の関係である。判断的一般者相互の関係を考えるには、「判断的一般者の一般者」を考えねばならない。判断的一般者の一般者は、一般と特殊の重層的な包摂関係の全体を包摂する一般者、即ち、一般者を包む一般者である。つまり、「一般者の一般者」が推論式的一般者である。

推論式的一般者は一面では、判断的一般者の性格を受け継いでいる。つまり、推論式の小語面は判断の超越的主語面に当たり、大語面は超越的述語面に当たる〔四・三五二―三五三〕。しかし、判断的一般者の主語と述語とは判断を共に構成するものとして互いに対立しないが、推論式の小語面と大語面とは無限に対立する。小語面は直覚的なものであり、大語面は一般概念的なものであるということが、どこまでも対立を引き起こしていくのである。しかし同時に、小語面と大語面とは一つの統一体でなければならない。統一を求める際に、大語面を基礎とする方向と小語面を基礎とする方向という両方が考えられるが〔四・三五七〕、いずれの方向でもその統一を媒介するのは媒語面である。無限の対立をなすものが統一されるのであるから、より高次の結合関係がそこに考えられる。媒語面は大語面と小語面との矛盾的統一面であり、媒語面こそが具体的一般者自身の自己限定面だと考えることができる〔四・三六二〕。なお、非合理的なるものを含まない推論式的一般者に於ては、小語面が形式的に直覚的であるにとどまるから、小語面と大語面とが対立しない。帰納法的一般者に於ける非合理的なるものこそ、小語面と大語面との無限の対立を引き起こすと解される。

「変ずるもの」を考えるのに必要であったのは、矛盾的統一面としての媒語面である。「変ずるもの」を考えるには「変ぜざるもの」を考えることができねばならない。変ぜざるものとは真に自己同一なるものである。変化生滅を考えることのできる推論式的一般者の立場に於て、真に自己同一なるものが成立すると言える。推論式的一般者の媒語面が同一判断に相当する役割をもつわけであるが、同一判断は対立しない主語と述語とを結びつけるのに対して、媒語はどこまでも相対立する小語と大語とを結びつけるために、より高次の結合の働きをしなければならない。

「変ずるもの」を「変ぜざるもの」との関係で考えるところに、「時」の問題が出てくる。西田は、時も一般者の限定として考えようとするが、それは容易ではない。結局、推論式的一般者の媒語面の自己限定という仕方で考えようとするが、うまくいかない。西田はこの後繰り返し、時の思索を試みる。

推論式的一般者の媒語面の自己限定がどういうものかということは、媒語がどこまで大語と合一して小語を包むことができるかということに関係する。完全に小語を包むことができれば、対象は概念的に限定されて、それについてのいわゆる先験的知識（アプリオリな知識）が成立する［四・三五七―三五八］。小語をうまく包むことができるのは、直覚的なものの中でも述語面が直ちに主語面となるようなもの、即ち、数学における対象のようなものが小語となる場合である。数学の知識は具体的一般者の自己限定の典型となるものではない。典型となるのは小語が経験的対象の場合であり、この場合、媒語は完全に大語と合一することができず、したがって完全に小語を包むことができない。こういう形をとるのが経験的知識（アポステリオリな知識）である。

カントを模範にすると、経験的知識は先験的知識より劣った知識のように見える。しかし、西田は推論式的一般者の媒語面を持ち込むことで、経験的知識がアプリオリな知識よりも経験のいっそう深い層を捉えるものであることを示す。既述のように、具体的一般者というのは一般的なものを有るものの基体として考えることで成り立つのであるが、この一般者は最終的には概念的に限定することのできないものである。したがって、推論式的一般者の媒語面の自己限定は果てしなく続くことになり、媒語面は無限に移り行くものとなる。限定することのできない一般者は高次の一般者として否定的に指し示すよりほかなく、それは、限定せられた一般者を破るという形をとることで到達することができる。これは、媒語面が矛盾的統一面となるということであり、このときの推論式的一般者は、否定を介して到達した一般者という意味で否定的一般者とも呼ばれる。否定的一般者に於てあるものが「変ずるもの」となると考えられる［四・三四四］。

要するに、具体的一般者の超越的述語面が否定を含む矛盾的統一面として成立するということが、「変ずるもの」が成立するということであり、そこに西田は、「時」の世界の成立を見ようとするのである。具体的一般者の考察は実在の世界の考察であり、西田は判断的一般者から推論式的一般者へと移行することで実在の世界の動態に迫ろうとしたと言えよう。

注

1　つまり、限界によって或るものが或るものとして現れるのであるが、その限界は同時に或るものでないもの（他なるもの）を或るものでないものとして示す。したがって、限界は或るものの固有の存在を示す規定性となる（G. W. F. Hegel, *Werke in 20 Bänden, Werke 5: Wissenschaft der Logik I*, Suhrkamp, Frankfurt am Main, 1969, S. 136.『ヘーゲル全集6a　大論理学　上巻の一』武市健人訳、岩波書店、一九九四年、一四四―五頁）。なお『一般者の自覚的体系』に「判断を一般者の自己限定として考へたのはヘーゲルであった」［五・四二二］とある。

2　ここで、先ほどの引用、「私は或物が変ずる、或物が働くと云うことと、或物が意味を表現する、意味の表現であると云うこととの区別を、働きとその場所との関係に於て考えることができないかと思う」［四・一六四］が思い起こされるであろう。しかし、この段階の西田の考え方はまだ十分に熟していないので、読み込みすぎは控えるべきであろう。

3　思考は言語によってなされる。言語にはさまざまな機能があるが、論理学が扱うのは言語の情報的機能である。文章のなかで、情報的機能をもつのが命題である。命題とは真または偽であるという特質をもつもののことであり、主語、述語、繫辞という三つの要素から成る。主語と述語とを連結して両者の関係を示すものが繫辞（copula）であり、主語と述語はその関係における変換項である。主語と述語に当たるものが概念（concept）であり、概念相互の関係が特殊と一般ということになる。

4　アリストテレス『形而上学（上）』出隆訳、岩波文庫、一九五九年、一七五頁以下（1017b10-）。

5　アリストテレス『形而上学（上）』一七六頁（1017b20）。

6　このようなカントやヘーゲルの哲学的論理学が盛んになった一方で、論理学の本来の役割を推論に認めて、いわゆる一般論理学こそ本来の論理学であるとする立場がある。この立場は、近代になって数学をモデルとする厳密で形式的な論理学として発展するが、フレーゲとラッセルは逆に算術の論理学的基礎づけを行い、数学と論理学とは切り離せないものとなる。西田が思惟した二十世紀前半は、認識論や形而上学の問題を完全に排除する、そのような論理学が発展した時代である（山下正男『論理学史』岩波書店、一九八三年。H・ショルツ『西洋論理学史』理想社、一九六〇年、参考）。

7　『一般者に於ける自覚的体系』になると、単に述語的なるものではなく、超越的述語面が映す鏡となる。超越的な一般を考えるのと同じように、述語についても超越的なものを考えるのである。

8　「私は知るということを意識の空間に属せしめて考えてみたいと思う」［四・二二五］。

9　西田の「意識の空間」を理解する手掛かりとなるのは、メルロ＝ポンティ（Maurice Merleau-Ponty 一九〇八—一九六一年）の「身体空間」の考え方であるように思われる。

10 「変ずるもの」や「働くもの」は「事」ではなく「物」を指すように見えるかもしれない。しかし、西田の言葉遣いでは「変ずるもの」や「働くもの」は事象を示していると解すべきである。

11 アリストテレスは矛盾律を「同じもの〔同じ属性・述語〕が同時に、そしてまた同じ事情のもとで、同じもの〔同じ基体・主語〕に属し且つ属しないということは不可能である」と規定した（『形而上学（上）』一二二頁［1005b19］）。

12 「重なり合い」という表現に量子力学の「重ね合わせ」を思い起こす人も多いかもしれない。光を量子のレベルで調べると粒子の性質と波の性質とを併せ持つことが知られているが、粒子の性質と波の性質とは通常私たちの知るマクロの世界では両立し得ない。つまり、「重ね合わせ」とは、マクロの世界に於ては相矛盾する二つの性質が、ミクロの世界では同時に成立することを指す。このような表現の類似を深読みすべきではない。ただ言いたいのは、意識の空間には物理的空間とは違う知のあり方があると考えるのは、神秘主義でも何でもないということである。

13 Martin Heidegger, *Gesamtausgabe, Bd.11*, Vittorio Klostermann, Frankfurt am Main, 2006, S. 34.

14 ただし、そこからハイデガーと西田とは別の方向に関心が向かう。ハイデガーは「AはAである」の「ある（ist）」を重視して、そこに、存在者がその存在において現出しているという事態を見て取り、思惟と存在とが自己同一なるもの（das Selbe）のうちに共に属していると考える。デリダの差延の考え方もまた、根源を想定する「現前の形而上学」の批判へと展開するという、西田とはまったく違う方向性をもつ。

15 西田は感覚・知覚を「直覚」と呼ぶ。

16 西田は帰納的推論も大語、小語、媒語によって構成される推論式で考える。しかし、アリストテレスの定義によれば、推論は必然的帰結をもつものであるから、帰納法は厳密には推論ではない。帰納法では媒語の役割を果たすものがないのである。アリストテレスによれば、帰納法は論証における推論ではなく、弁証的推論に属する。学であるのは前者であり、通念を前提とする後者は学の道具に過ぎないと見なす。だが、アリストテレスは帰納をなしで済ませることはできない。第一の事柄（原理）が知られた後に初めて論証は意味をもつが、第一の事柄の認識は帰納によるしかないからである（『アリストテレス全集2　分析論前書／分析論後書』岩波書店、二〇一四年、五二〇頁［100b4–5］）。アリストテレスと西田とでは、判断の考え方が違うので、推論の考え方も違うのは当然であろう。

第三章　私は私に於てある——自覚と自己

1　自覚の構造の解明から「真に知る私」へ

西田の言葉遣いには独特のものがあるが、『働くものから見るものへ』（一九二七年）ではほとんどの場合、「個物の如きもの」や「個物的なるもの」という言い方をしている。『一般者の自覚的体系』（一九三〇年）で自覚の立場が明らかになって初めて、真の意味での「個物」が見えてくる。個物への飛躍を成立させる同一判断は、事柄としては第一章で見た「自己の中に自己を写す」という自覚のあり方の中に含まれていた。

「自覚」は西田哲学の根幹をなす事柄であるが、『自覚に於ける直観と反省』では、自覚はまだ垣間見られただけであった。『働くものから見るものへ』の最後の論文「知るもの」で、具体的一般者が推論式的一般者として考えられるようになって「真に自己同一なるもの」に到った。ここでようやく、真の個物としての自己が考えられるようになる。自覚や自己は西田の思索の最初に立てられるのではなく、判断的知識を出立点とした知の追究のなかで次第に見出されていくのである。

西田は判断的知識をその根柢に向けて掘り下げてゆき、直覚的知識に到るのであるが、それは客観的知識を棄てて主観的知識を採るということではない。西田が知を成立させる限定の仕方を論理的に且つ詳細に追究してゆくのは、徹底的に客観的な知を求めるためである。その追究が、自覚という「知る」ことの構造へ向かい、「真に知る私」に到る。推論式的一般者はまだ判断的一般者の範囲内にあるが、「真に知る私」に到ることで、今度は自覚的自己の立場から出立せざるを得なくなるのである。このとき、場所の考え方も自覚の論理として新たに出立することになる。むしろ、場所の論理は自覚の立場を明らかにするために準備されたものだと言うべきであろう。

推論式的一般者という考え方は、実在の知識は経験的知識であること、経験的知識であるが故に果てしなく追究していかなければならないことを示唆している。そこから指し示されるのは、自覚の場は日々の経験的知識によって限りなく更新されるということである。

『働くものから見るものへ』で準備された論考が、『一般者の自覚的体系』において自覚的自己の立場として開花する。本章では自覚の立場が確立されるまでの思索の歩みを追ってゆく。

2　自己が自己の中に自己を見る

推論式的一般者の自己限定には大語面を基礎とする方向と小語面を基礎とする方向とがあるということであった。大語面を基礎にした推論式的一般者の自己限定において成立するのは概念的知識の対象界、つまり言葉によって描き出される世界である。小語面を基礎にした自己限定において成立するのは意志の対象界、つまり私たちが行為し活動する世界である。前者の方向は推論式的一般者といっても判断的一般者と区別することのできないものであり、後者の方向こそ推論式的一般者の固有の意義が現われるものである〔四・三六七〕。小語面が媒語面と合一して大語面的なるものを含むに従って、小語面が自己同一なるものとなるからである〔四・三七九〕。つまり、この方向が実在に迫る方向である。

そして、小語面をこのように考えてゆけばゆくほど、特殊が一般を含むということが成り立ってゆき、そこに「知るもの」としての「私の意識」が考えられる。西田は主観と客観の相互作用という仕方で意識を考えるのではなく、一般が特殊を包摂することとして「意識する」こと（広義の「知ること」）を捉える。判断的一般者の意識面は「知るもの」であり、これが「知識的意識」である。その「知るもの」を対象化して、「知るものを知る」のが、推論式的一般者の意識面である〔四・三八〇〕。つまり、判断的一般者の立場で「知るもの」であった意識は、推論式的一般者の立場から見ると、「知られるもの」としての意識であることがわかる。西田の考えでは、知識的意識を対象化して、知るものを知るという意識が「意志の意識」である。つまり、判断が成立すると考え得るすべての限定的一般者を超越した一般者（一般者の一般者）に於てあることが、私たちの意志の意識だということになる。そして「知るもの」こそ、「変ずるもの」に対する「変ぜざるもの」に他ならない。十全な意味での「知るもの」は、小語面が媒語面と完全に合一し、大語面が無なる場所となるという仕方で成立すると考えられる。これは知の極限点である。そのときの推論式的一般者の内容即ち大語面ゼロの対象界というべきものが、内的経験の世界即ち直接意識の世界である。そのように西田は考える

［四・三八七］。
「私の意識」とは、私の表象に「私は意識する（私は思う）」ということが伴う事態を指す。つまり、この「私の意識」は単純に自己同一なるものとしての自我の自己意識ではなく、カントの言う超越論的統覚（transzendentale Apperzeption）が西田の念頭にある。[1]超越論的統覚とは、すべての表象が「私は思う（Ich denke）」を随伴することで一つの意識に統一されることを意味する。この「私」もその統一も何ら実体的なものではない。西田の考えでは、私の表象に伴う「私の意識」によって、私たちの経験的世界が概念的に限定せられるのである［四・三七三］。つまり、「私の意識」は客観的対象界と考えられる自然界を包み、その範囲を限定するものであって、述語面の限定とはこのことを意味する。帰納法的一般者とは「非合理的なるものを包んだ推論式的一般者」のことであったが、非合理的なるものを包む一般者とは、私という概念でなければならない。私というものの連続が、非合理的なるものの連続を根抵で支えるのである。一々の現在、つまり一度的なる事実についての認識判断は、私の意識が一般者として包摂の役割を果たすことで成立すると解される。[2]「私の意識」は事実的知識が成立する条件という意味をもつのである［四・三七八］。

この私の意識から、やがて「自覚的限定」という考え方が導き出される。これまで、「一般者の自己限定」と言われるときの限定は「AはBである」というような判断の限定であった。この判断的規定が「私の意識」と結びつけられることで、経験的事実の知識が成立する。しかし、これではまだ自覚的自己は成立しない。自覚的自己の成立には、やはり主語的なるものが考えられねばならない。

カントの超越論的統覚（「私は思う」）はデカルトの「私は思う（cogito）」を継承するものであり、

西田は明確にデカルト、カントを受け継ぐ仕方で「私の意識」を考えているが、西田自身の思索の文脈のなかでは「私の意識」は「知るもの」を指す。判断的一般者の立場で「知るもの」であった意識は、推論式的一般者の立場では、「知られるもの」としての意識と見なされ、「知るもの」としての「私の意識」は推論式的一般者の述語面と考えられた。「私」は述語面であって、判断の主語として限定されるものであるはずはない。ただし西田はその一方で、「私」は「却って真に主語となって述語とならない主語」であると言うことができると考える［五・四三］。なぜなら、そこでもう一度「知るもの」としての「私の意識」の自己同一性が求められたからである。決して述語面に解消されることのない主語的なるものとして「知るもの」を考えることになる。それは逆に言えば、超越的述語面（意識面）の直接の自己限定として主語的なるものを考えるということになる。

そのとき、「私」は単純に自己同一なるものではなく、自己同一なるものを内に包むものであると見なされる。自己同一なるものを内に包むものであるということは、「自己の中に自己を見るもの」であるということである。それが「私」（自己）であり、「自己が自己の中に自己を見る」というのが西田の自覚の定式である。

既に述べたことであるが、自覚をこのような形ではっきりと捉えることを可能にした一つの契機は、主語面と述語面との対立である。主語面と述語面とが対立しない判断的一般者の立場では、自己というような、無限に到達することのできない深い主語的なるものを捉えきることができない［五・四四］。つまり、判断的意識は自己自身を判断の外に見ている意識であり、自己の中に自己を含むことができない［五・七一］。推論式的一般者というのは、どこまでも対立する大語面と小語面とを矛盾的に統一するものである。つまり、どこまでも対立するものを包む高次の一般が考えられる可能性がある。その運動を引き起こすのは、意志の対象界を成立させる小語面的限定である［五・四五］。他方、大語面に基礎をおく運動によって自然科学が対象とするような自然界を考えることができるが、考えることができるだけであって、そこに高次の一般は開かれない。

3 「私は思う」と「私はある」

自覚や自己という事象をさらにはっきりさせるには、主語的統一とは別の統一の仕方について考察する必要がある。それは、西田の文脈において「私は思う」ということと「私はある」とがどう関係するかを明らかにすることである。つまり、「意識の空間」においてその関係がどのようなものであるかが、新たな思索の展開の鍵となる。

「私は思う」と「私はある」の関係が顕著に表れるのは判断においてである。即ち、「AはBである」の「(で) ある」が何を意味するかである。英語のbe動詞やドイツ語のseinは繋辞であると共に存在を表すわけであるが、日本語の繋辞の「(で) ある」と存在を表す「(が) ある」の違いが「意識の空間」における判断的関係を指し示すと言えよう。

西田は、ものがあるということには二種類あると考える［五・一七―一八］。即ち、主語的有と述語的有である。西田によれば、普通に物があるということは主語としてあることを意味する。このような主語的有を醇化してゆくと「主語となって述語とならない」というあり方になり、「主語となって述語とならないもの」というアリストテレス的な個物がこの意味での最も根本的な有となる。この有は知られるものの自己同一性によって特徴づけられる。他方、デカルトの「私は思う、故に私はある(cogito ergo sum)」の「私はある(sum)」はそれとは別の有り方をしており、「私(自己)」は別の種類の有であると西田は考える。西田によれば、「私はある」とは、自己同一なるものの述語面が自らの内に主語的なものを包み込むということを意味する。それは、この「私」が考えられた私ではなく考える私だからである。つまり、この「私」は考える意識であって、「述語的有」として特徴づけられる。そして、この「私」こそ真の個物であるとされる。

それでは、二種の有の違いはどのようにして生ずるのであろうか。西田によれば、それは主語と述語との統一の仕方によって生ずる。つまり、「AはBである」の「(で)ある」という繋辞による統一に二種類ある。主語が超越的であって述語的統一が形成されないとき、「普通の物の有」が考えられ、述語面が超越的であって主語的統一が形成されないとき、「意識的有」が考えられるというのである。ここでの「意識的有」とは、どこまでも対象化されないもの、したがってただ否定的にのみ限定し得るものである。どこまでも否定的にしか限定し得ないということは、この「私」は「私は私である」という同一判断によって限定することはできないということである。しかし、この「私」は完全に見えないわけではなく、「私は私である」という仕方で限定することができないということは見えている。つまり、この「私」は否定的という仕方で限定し得ると言える。そこにはやはり何らかの自己同一性が成立すると言ってよい。この「私」の否定を介した自己同一性は、普通の個物の自己同一性とは違う。西田はこのように考えて、この「私」の否定的限定を「私は私に於てある」という言い方で表現できるとする〔五・六二〕。

「私は私に於てある」は、「私は私である」を場所的に捉えたものである。本来の意味での場所は否定を包むものであるから、場所的な自己同一性も否定を含む。場所的な自己同一性の方が物の自己同一性よりも広い。場所的な自己同一性を西田は「自覚的自己同一」と呼んでいる。普通の意味での個物の自己同一は主語的有の自己同一性であり、「自覚的自己同一」は述語的有の自己同一性であるという言い方もできる。

そして、西田は繫辞の「(で)ある」の方が存在の「(が)ある」より根源的であると考える。繫辞の「(で)ある」は西田の言うところの「述語面の限定」であって、すべての私の表象に伴う「私が意識する(思う)」ということに他ならない。繫辞において成立する統一が西田哲学の中心課題であり、この繫辞的統一において意識、自己、実在、知識が多様な仕方で形成されると考えられていく。

それでは、「私は私に於てある」という場所的な自己同一はいったいどのような統一の仕方をするのであろうか。それが改めて問われねばならない。

4 「於てある場所」と「於てあるもの」と「媒介者」

西田は論文「述語的論理主義」(一九二八年)で次のように言う。

……我々の概念的知識は必ず三つの部分から成り立って居る。「於てあるもの」「於てある場所」

と両者の媒介者とが区別せられねばならぬ。「於てあるもの」と云うのが主語と考えられ、特殊と考えられるものであり、場所と云うのが一般と考えられ、述語と考えられるものであり、判断というのは媒介者の一つの形である。苟も概念的知識として成立する以上、右の三つの部分を具備して居なければならないのであるが、その何が主となるかに依って、種々なる概念的知識の形が成り立つ。媒介者というものが隠れていて、単に何が何に於てあるとか、或は場所其者も隠れて居れば、単に或物があるとか云う如き概念的知識も成立するであろう。之に反し媒介者の両端が隠れていて、概念的知識は単に無限なる関係の統一或は発展と考えられるものも成立するであろう。［五・五九―六〇］

繫辞の働きは、概念的知識を構成する第三の部分、つまり「於てあるもの」と「於てある場所」との「媒介者」となる。媒介者とは「於てあるもの」にも「於てある場所」にも含まれている「於てある」そのもののことだと解することができよう。それは内容的には判断や意志などの作用を指し、その諸作用は「限定」という語で総括され得る。西田は、この媒介者を個別化（特殊化）の原理と見なしている。[3]

論文「場所」では、場所論は「於てあるもの」と「於てある場所」との二者関係で考えられていた。ここで第三の「媒介者」が加わったのは、推論式が考察された結果だと考えられる。推論式の小語面は一般者そのものの直接的な自己限定面に属し、大語面はその自己限定面において限定せられた一般者となる。そこでは、場所そのものと限定せられた場所との対立が露わになると共に、媒語面つまり媒介者が独立した位置を占めるようになるのである。推論式的一般者の考え方は場所論を前提したものであるが、それがまた場所論をより精緻に考える材料となったと言えよう。あるいは、媒介者は「於てある」の意義を取り出したものと考えられる故に、「有の場所」「対立的無の場所」「絶対無の場所」と場所が変化するのに応じて、「於てある」ということが深化し、その内なる意義が表に現われてきたと考えることもできよう。その深化は、一般者の深化でもある。

ここで注目されるのは、「於てある場所」「於てあるもの」「媒介者」のどれが主となるかによって種々の概念的知識の形が成立すると言われる中で、媒介者が隠れている形態である。その形態に、西田は二つのものを見ている。

第一に、一般概念のうちで抽象的と見なされる概念、即ち特殊と一般の相関関係の内にある概念の知識である。既に見たように、西田において一般概念は自己自身を限定するものであり、それは自己自身を主語として限定するということである。つまり、真の主語は一般者である。抽象的一般概念も自己自身を限定し、一般者として主語となることができるが、それは内包的には空疎であって真の主語ではない。その理由を西田は、抽象的概念は自己の中に媒介者を含まないからだと考える。つまり、抽象的概念は個別化の原理を含まず、自己自身を実在の世界と結びつけることができないから、実在についての概念的知識とはなり得ない。言い換えれば、抽象的概念は「述語となって主語とならないもの」にはなり得ない。いまの引用で「媒介者というものが隠れていて、単に何が何に於てあるとか」と言われている概念的知識が、これに当たる。

媒介者が隠れる第二の形態は、具体的一般者において見られる。具体的一般者は媒介者を含み、自己自身を媒介することができる。超越的述語面が真の主語となって自己自身を限定する場合、自己を限定するものは、特殊化の原理としての直覚的なるものである。そしてこれは媒介者でもある。したがって、概念は自己（於てある場所）の中に自己（於てあるもの）の媒介者を含むということになる。これはもはや「於てあるもの」と「於てある場所」との間に独立した媒介者があるということではないため、この限定は「直接限定」と呼ばれる［五・六二］。直接限定とは、「於てあるもの」と「於てある場所」とが一であるということであり、知るものと知られるものとが一であるということである。[4]

この二つの形態は一応媒介者が隠れると言えるが、単に隠れるということを超えて、媒介者が無となるような形である。西田は、概念的知識は必ず三つの部分を具備すると見なしながら、実はここで、そのような概念的知識の枠を否定するものを問題にしているのである。結局、西田はこれら二つを「無媒介」の形として言い直す［五・七〇］。即ち、抽象的概念は、そもそも自己自身の中に媒介者たる限定作用を含まないものとして無媒介である。また、超越的述語面（意識面）の直接限定は媒介者を内に含み、しかもこれを超越するという意味で、無媒介である。[5]

判断的一般者においては場所自身の直接限定ということが顕現的ではなく［五・一〇二］、そのために場所そのものと限定せられた場所との対立が必ずしもはっきりと現れない。判断的一般者の述語面を超えたものが見られ、超越的述語面つまり意識面が反省されるようになったとき、一般者自身の直接的な自己限定面と限定せられた一般者との対立が露わになってくる。つまり、直接限定というあり方がはっきりと摑まれることによって、一般者からさらにその一般者を包む一般者へという動きが明らかになり、一般者の体系という捉え方が可能になるのである。

さらに、媒介者を考えることによって重要な変化が起こる。これまでもっぱら議論されていたのは一般と特殊との間の関係であったが、「一般から特殊に対して限定作用であったものは、特殊と特殊との間に於ては媒介作用となる」〔五・一〇〇〕と言われるように、特殊と特殊との間の関係が視野に入ってくるのである。この場合、限定作用と媒介作用とは内容的に別のものではなく、場所と「於てあるもの」との間で働くか、それとも「於てあるもの」と別の「於てあるもの」との間で働くか、それに依って作用の性格が違ってくると解される。ここには、前者から後者へと関係の重心が移るという事態があり、その移行は「一般者の自己限定が深くなる」ことによって起こる〔例えば五・一三三〕。この自己限定の深化が一般者の体系の形成と関わってくる。

さらに、限定作用についてはもう一つ別の局面での移行がある。「限定」には、それがもはや「作用」ではなくなる地点がある。無の場所に於ては、いわば本体というようなものを抜きにした純性質的なものが互いに区別し合い、互いに関係し合うと考えられる。それは基体のない作用の世界である。作用を統べるものを背後の本体に見るのではなく、作用そのものの内に統一を見るのである。それが徹底されると純粋作用の世界となり、この場所は力で充たされた世界となる。それは意識における力であるから、純粋作用としての意志の世界である。この場所は、本体が無いという限りでは無の場所であるが、真の無の場所ではない。なぜなら、純粋作用にはまだ作用ということの性質上、基体のようなものが考えられるからである。作用を純化し本体を無いものとすることによって、無が基体となってしまうのである〔四・二三〇〕。この場合、無が基体であるから意識作用そのものの内容は見られないが、そのような無は一種の有である。この基体を除去することによって初めて、真の無の場所に至ることができる。それは、純粋作用の世界ではなく、「純粋状態の世界という如きもの」である。そこに至ると、限定は完全に作用ではなくなる。この地点もまた、一般者の体系のなかで位置づけられるであろう。

以上のように、場所の論理を「於てあるもの」、「於てある場所」、「媒介者」の三者で考えることは一般者の自己限定が動いて深まっていくものであることを顕わにしていく。それは、三者で考える場所の論理がまさに「自己が自己の中に自己を見る」という自覚の構造を示すからである。そこから、「一般者の自己限定」という考え方は「一般者の自覚的限定」として仕上げられていく。「私の一般者の自己限定というのは、その根柢に於て自覚的限定を意味するのである」〔五・四三一〕と言われるように、「自覚的限定」こそ西田の「限定」という語の本来の意味である。そこで西田はこう言う。「斯く自覚的限定の形式を一般者の限定の根本的形式と考え得るならば、我々の自覚的限定の形式が何処までも深まり行くという意味に於て、私は私の所謂判断的一般者の限定を越えて何処までも深い一般者の自己限定というものを考えて行くことができると思う」〔五・四二六〕。

5　真の個物の成立

さて、自覚的限定という形式が明らかになったことが、一般者の体系を明らかにする端緒となる。西田によれば、判断的一般者の自己限定とは、その限定作用が限りなく主語的方向に向かうものである。つまり、特殊化を進めていく方向であるが、判断的一般者がこのような方向で限定を進めてゆくことはもはやできない、と明らかになるときがある［五・一〇四］。それがこの一般概念では包みきれないもの（個物）が出てくるときであるが、それを西田は「一般者自身が限定すべからざるものとなる」ことだと理解する。一般者自身が限定すべからざるものとなるということは、一般者が全面的に限定するものとなるということである［五・一四四—一四五］。全面的に限定するものとなるとき、限定されるものはなくなる。これが、述語面が超越的になるという事態であり、先述の超越的述語面とはこれを指す。超越的述語面は、もはや限定されるものがなくなるという意味で、判断的一般者の自己限定という判断理解に破綻が出て来るところだと言ってよいであろう。その破綻によって、有の場所から無の場所への移行が起こらなければならない。

一般者自身が限定すべからざるものとなるとき、「於てある場所」である一般者が「於てあるもの」を限定する作用は無になると解される。言い換えれば、一般者が自己自身を限定する限定作用は一般者そのものから「於てあるもの」に移り、「於てあるもの」の限定作用となる。このとき、「於てあるもの」は自己自身を限定するものと考えられる。「於てあるもの」の限定作用は、「於てあるもの」が自己自身を限定する作用であると共に、「於てあるもの」相互に限定し合う限定作用でもあると解される。ただし、「於てあるもの」の自己限定と「於てあるもの」の相互限定とはそもそも相関的であり、区別され得ないところがあって、そのなかで「於てあるもの」の限定作用は媒介作用という意味をもつと考えられる。そしてそのとき、一般者はまた「於てあるもの」の二重の限定（自己限定と相互限定）を媒介する媒介面の意義をもつ。そういう仕方で、一般者の限定作用は媒介作用となると解される［五・一〇四］。ただし、一般者はそのような媒介作用を一般者自身の限定として知ることはない。一般者が自己自身に還るということがあって初めて、それが知られるようになる。

この説明で明らかにしようとしているのは、判断的一般者がもはや一般者として成り立たなくなるという事態であり、ここで自覚的自己が成立するのである。ここでの「於てある場所」と「於てあるもの」の関係の全体が、自覚的意識を意味することになる。

この自覚の構造は、自覚的一般者が如何にして判断的一般者を包むかを論ずることで、明らかにされねばならないが、まず個物について見通しをつけておこう。『働くものから見るものへ』では、個物の規定である「主語となって述語とならないもの」を述語づける一般的述語性が「述語となって主語とならないもの」と考えられた。言い換えれば、それは個物については「ソクラテスはソクラテスである」としか語れないということであった。それは個物であるが、個物として現れてはこない。その意味ではまだ真の個物ではない。一般者が「於てあるもの」を限定する作用が無となると共に、「於てあるもの」が自己自身を限定するものとなって自己自身を媒介するものとなることによって初めて、真の個物が成立する。自己自身を限定し、自己自身を媒介するものとなるということは、主語として自己自身を限定するということである。自己限定する主語の成立は認識する私が成立することであり、認識する私の成立はさらに行為する私の成立へと展開する。ここで初めて真の個物となるのである。「於てあるもの」が主語として自己自身を限定するとき、その判断的述語は「於てあるもの」に属することになる。述語づけが考えられるなら、それを統一する一般者が考えられなければならないが、その述語的統一面は抽象的一般者となる。つまり、個物としての私が判断の述語づけの総合統一を担うわけであるから、私の述語づけが直ちに実在を限定するものにはならない。抽象的一般者は具体性がゼロになった一般者の自己限定であると共に、具体的一般者に「於てあるもの」が互いに媒介する媒介面となる役割が認められる〔五・一〇五〕。「於てあるもの」は抽象的一般者に於て相互に述語的に限定し合うのである。この役割は、抽象的一般概念が同一判断の主語面と述語面とを映す鏡の役割を果たすことと通じるものである（第二章3）。

なお、「於てあるもの」相互の媒介ということは、自己と他者との関係のように見えるかもしれないが、ここでは他者としての他者は出てこない。一般者に「於てあるもの」はすべて異なる局面の自己であると解される。「於てあるもの」相互の述語的限定によって現れるのは自覚の世界である。

付言すると、西田のこのような論の進め方に疑問をもつ向きがあるかもしれない。これはいわゆる論証を基礎とする通常の哲学的な論の進め方ではないからである。論の進め方そのものが、ここでは自覚の深まりという性格をもつようになっている。それは思索と共に思索の足場も動くことを意味する。思索の内容の変容と思索の足場の移動とが一つになっている、そのような運動の論理が西田の考える「論理」である。働くものの世界は『働くものから見るものへ』で既に有の場所から無の場所への転換によって考えられていたが、それは形式的な側面に過ぎなかった。『一般者の自覚的体系』ではその内実が自覚的な思索によって論じられるようになっている。

6 「働くもの」と「知るもの」

判断的一般者から自覚的一般者への移行において一般者がどのように転換するか、それを西田は主語的なるものの超越という角度から説明している。これは、『働くものから見るものへ』で「働くもの」から「見るもの（知るもの）」への移行として論じられていたことを、一般者の変容という局面から考えるということに他ならない。

西田の「働くもの」とは「時に於て自己自身を変じ行くもの」を指す［四・一七六］。自ら変化するものであるから、そこには主語として固定されるものがない。つまり、働きにおいては判断はその主語を失うのである［五・一〇六］。それを一般者と「於てあるもの」の関係で考えると、「於てあるもの」は単に無限な働きの連続であり、一般者は自己自身に還って媒介作用を自己自身の限定として知ると考えられる。

さらに、「於てあるもの」がこのような一般者の限定をも破り、主語的なるものが述語面の底に超越すると考えなければならない。ここに有の場所から無の場所への完全な転換がある。そのとき主語的なるものは「働くもの」ではなく、「知るもの」であると考えなければならない。それは、前に判断的一般者の超越的述語面と考えられたものは、今は「知るもの」が自己自身を限定する意識面とならねばならないことを意味する［五・一〇六］。「知るもの」の自己限定面とは「知るもの」を包むもの、即ち「知るもの」の場所であり、この場所が判断的一般者をも包む一般者として自覚的一般者と考えられるわけである。

この転換の要となるのは、主語的なるものが述語面の底に超越するという事態であり、この内面的な超越は私たちの自覚の意識によって証されると考えられている［五・一〇六］。このとき、自覚は知るものと知られるものとが一であることとして捉えられている。「知るもの」が自己自身を限定するということは、「知るもの」が「知るもの」自身を知るということを意味する。この知において「知るもの」自身が「知られるもの」となり、ここに「知るもの」と「知られるもの」の関係は成立するが、この知は対象の知ではなく自知である。

判断的一般者から自覚的一般者へと移行するところで出てくる、「知るもの」と「知られるもの」との関係は重要である。有の場所については「於てあるもの」と「於てある場所」とは別々であるが、無の場所については「於てあるもの」と「於てある場所」とは互いに入れ込み合っていて別々のものとして考えることができない。しかし、「知る」ということが成立する以上、無の場所についても「限定するもの」と「限定せられるもの」との関係は考えねばならない。限定せられるものが限定するものと一であるということは、「働くもの」については完全には起こらない。確かに「働くもの」は無の場所に於てでしか考えられない故に、「働くもの」と「働かれるもの」とは一であると考えざるを得ない。しかし、両者は一をめざして動いているにしても、完全に一になるならば、それは働かないものになってしまう。それ故、働くものの場所は真の無の場所ではないのである。しかし、「知るもの」については、「知るもの」と「知られるもの」とが真に一であると考えることができる。「知る」は通常は一種の働きと考えることができるが、「知るもの」と「知られるもの」とが真に一であるときにはもはや働きと考えることはできない。能動と受動はやはり作用の関係であるから、それと区別して、もはや作用的でない能所の関係を考えなければならない。作用の性格が完全に失われたのが、映す映されるの関係である。

この関係は次章で改めて取り上げるので、ここではただ、限定せられるものと限定するものとが一であるとはどう考えたらよいかだけ言及しておく。西田はそこに、「個物が一般に於てある」ことが個物において「特殊が一般を含む」ことへと逆転するのと同様の事態を見て取るのである。即ち、限定せられるものがその極限に於て限定するものを含むというのである〔五・一〇七〕。一般者の自己限定が一般者に「於てあるもの」に移るということを先に見たが、それは、「於てあるもの」が一般者自身の限定を自己の限定となすということにほかならない。つまり、「於てあるもの」（限定せられるもの）が一般者（限定するもの）を含むのである。

この段階での「知るもの」は、判断的一般者を包む一般者（自覚的一般者）に「於てあるもの」として考えられる。この「於てあるもの」が個物としての「私」である。

なお「働くもの」に関しても、「働きの結果が働きを生むもの」を「私」と考えることができる〔五・一〇八〕。この「私」は意志的である。ただし、この意味での「私」は主語的有であり、対象化されたものであることを免れない。この段階の西田は、主語的有である「私」がまだ究極的ではないことにこだわるが、働きを抜きにした「私」というのは空疎になるはずである。後期の歴史的世界が問題になる時点で、この意味での「私」の意義が問われることになる。

7　判断的知識は自覚によって成立する

一つ注意しておかなければならないのは、自覚の意識が成立する前と後とでは、判断的知識の見え方が変わってくるということである。自覚の意識が起こると、判断的知識の根柢に常に自覚が潜在していると見られるようになる。自覚の意識が起こらず判断的知識のみが見られるときには、判断はもっぱら判断的一般者の自己限定として考えられるのであるが、自覚的意識においては、判断的知識は自覚によって成立すると考えられるようになる。自覚的一般者に於てあるものは、もはや判断の対象として知られるものではなく、「判断的に知るもの」となる。

判断的知識が自覚によって成立するということが何を意味するか、考えてみよう。先に述べたことを敷衍すると、判断的一般者に於てあるものは判断の主語となるものであり、抽象的一般者に於てあるものがその述語になるが、そのとき判断的一般者の自己限定の意味が失われるため、判断的一般者に於てあるものは無限の働きとなる。ここまでは述語的なものが真の主語となるという意味で主語的有と言い得るが、判断的一般者を越えて有るものはもはや主語的有として限定することのできないものである［五・一〇九］。しかしながら、判断的一般者を包む一般者に於てあるものは、確かに判断的一般者の限定を越えたものとして、判断的に述語づけることのできないものであるが、その一方で、述語づけを離れたものではなく、判断的一般者に於ける限定を自己限定の手段となすものでなければならない。このように西田は考える。つまり、判断的一般者を包む一般者に於てあるものは、判断的一般者の限定という性質をそのまま有すると共に、さらに大きな一般者に包まれるものとして異なった性質を合わせもってくるというのである。

それ故、判断的知識はその背後の自覚的意識から見られても、まったく別の内容の知識になってしまうわけではない。判断的一般者に於てあるものは、その背後にあるものの自己限定という意味を持ち、判断的一般者の超越的述語面はその背後にあるものの影を映す射影面となるだけである［五・一一〇］。この射影面が私たちの意識面ということになる。逆に言うと、私たちの意識面とは、その背後にあるものに即して考えられた判断的一般者の述語面であるということになる。意識面に於てあるものは、一方で、判断的一般者に於てあるもののもつ主語的有という性質を受け継いで、一種の有として考えることができる。それは作用という仕方での有である。その一方で、意識面に於てあるものは、非有的対象を志向するという新しい性質をもつと考えられる。それが西田の考える「志向作用」である。働きにおいては述語が直ちに主語であったが、この意味で限定された述語的なものが、主語的有として限定せられずに、その底へと超越する内在的超越の自己限定と考えられるとき、それは意識的有（述語的有）となると考えられる。

以上のように、西田は意識作用を説明する。「知るもの」とは、判断的一般者の述語面を意識面としてそこに現れる意識作用を自己自身の限定とするものであるとされる［五・一一二］。意識的に作用することによって自己自身を限定するものであるから、これを西田は「所謂知って働くもの」であると言う［五・一一二］。「知って働く」というのは、私たちが通常「行為する」あり方である。この場合の「知る」は知ることを知るということであり、自覚である。「所謂」と付くのは、「知る」には意志の意味が含まれ、働くことでもある故、正確に言うと、「知るもの」には「働くもの」が含まれるのでなければならないからだと解される。自覚的一般者の自己限定を理解する上で重要なのが、「知るもの」の中に「働くもの」が含まれるというこの二重のあり方である。

8　媒介者としての作用は深化する

「知って働くもの」を考察するには、以上のような判断的一般者の自己限定から出立して自覚的一般者に移行する過程において、媒介者としての作用がどのように変化するかを確認しておく必要がある。推論式的一般者に於て媒介者となる作用は、大語面、小語面、媒語面のどれに属するかによって異なる意味をもっていた［五・一〇二―一〇三］。それはどのような媒介作用の主体が成立するかということと繋がっている。媒介者が何であるかが一般者の変容を規定するのである。

一般者の一般者という形で一般者が自己の中に一般者を包む場合、包まれる方の一般者の場所は包む方の一般者の直接的な自己限定面となるが、その包む方の一般者の場所、即ち意識面に於てあるものに媒介作用が属する場合（第一の場合）は、「知」という作用となる。したがって、直接に意識面に於てあるものは知ることによって互いに媒介し合うことになる。そうではなく、包まれる方の一般者の場所に於てあるものに媒介作用が属する場合（第二の場合）は、媒介作用は「働き」という作用になる。つまり、判断的一般者の場所に於てあるものは働くことによって互いに媒介し合うことになる。この場合の判断的一般者は意識面によって裏打ちされていて、働くということが自覚されている。言い換えれば、働くものの背後に知るものがあって初めて、働くということが成り立つ。さらに意識面によって裏打ちされていない判断的一般者、つまり限定せられた判断的一般者に於てあるものに媒介作用が属するという場合（第三の場合）が考えられるが、この場合、媒介作用は単に物と物との関係に留まる。限定せられた判断的一般者の述語面は包む主観でありながら、そこに意識作用は考えられないのである。このとき、その述語面に「於てあるもの」は単なる客観界に「於てあるもの」と考えられる。さらなる場合として（第四の場合）、自己自身を限定するという一番基本的な限定作用すら潜在的なままに留まっているのが抽象的一般者であるが、そこでは「於てあるもの」相互の間に媒介作用がないだけでなく、判断というものすらまだ現れない。ただ「於てあるもの」相互の間には「単なる関係という如きものがあるのみ」である［五・一〇三］。以上のように、西田は論じている。

第一の場合の「知る」作用の主体は「知るもの」であり、「自覚的自己」である。それは「自覚的一般者」に対応する。第二の場合の「働く」という作用の主体は「働くもの」であり、判断に即して言えば「判断的自己」である。第三と第四の場合の媒介作用は作用といっても意識されるものではなく、作用を担うのは抽象的な主観になると解される。自覚的自己にしても判断的自己にしても作用の主体として知られるのは、知られるものとしての自己であり、主語的有である。

ちなみに場所論的に言えば、第一の包む方の一般者の場所は絶対無の場所、第二の包まれる方の一般者の場所は相対的無の場所、第三の一般者の場所は有の場所に当たる。第四はまだ一般と特殊との間の場所的関係は隠れていると言えるであろう。

以上のように、さまざまな段階で媒介作用が異なる相を見せてくる。第四から第三、第二、第一と媒介作用が深化しているとも言える。そして、媒介作用の主体としての「於てあるもの」が「自己」であり、媒介作用の深化は自己の深化である。その深化は自覚的自己の立場から初めて見えてくるものであるから、自覚的自己の立場が第一段階となって、そこからそこに到る諸段階が見えてくる形になる。西田自身の思索が自覚的な性格をもつというのは、彼の思索と叙述の行程がこの形をとるということを意味する。

この観点からすると、一般者の自覚的限定とは「一般者がもはや限定することのできないものとなり、之に於てあるものが自己自身を限定し、自己自身を媒介するものとなる」ことだとまとめることができる〔五・一〇五〕。この中に、自覚という知の形式と自覚的自己という場所的有が含まれている。自覚ということは、自覚的一般者の考え方が明らかになった段階でようやく明確に摑まれる。

次に、「知るもの」の中に「働くもの」が含まれるとはどのようなことかを、はっきりさせなければならない。

9 「知って働くもの」としての意志

判断のみが「知る」ことではなく、判断的知識を担う知的作用のみが意識作用ではない〔五・一一三〕。西田において「知る」ことの射程は意識の射程である。そして、西田の言う「知る」とは、単に知るのではなく、知ることによって自己自身を限定することである。この「自己自身を限定する」ことは意識するものが対象を包むことであり、そこに西田は意志的なるものを見て取る。西田のいう自覚の根柢には意志が含まれており、自覚的一般者に「於てあるもの」は意志作用の動性をもつのである。判断的一般者に「於てあるもの」が様相を変えていくものであるのと同様に、自覚的一般者に「於てあるもの」はその抽象的意識面を越えて真にその場所に「於てあるもの」となるに従って、自覚的に自己自身を限定し、相互に媒介し合うものとなる。この媒介者の役割を果たすものが意志作用であり、真に自覚的一般者の超越的場所に「於てあるもの」は意志的でなければならない［五・一一四］。その意味で、自覚的自己は意志的自己であると考えられている。

ここで言われる意志は意識の動性を担うものであって、通常の意味での意志ではない。通常の意味での意志は何かを意志するのであって、対象なしには意志として成立しない。そのような意志はなお意識せられた意識の領域に属するものとして、判断的知識の範囲を越えないと見なされる。だとすれば、西田の言う意志的自己はそれとは別である。自己は意志的自己に到ったまさにそこのところで、通常の意味での意志することを手放し、判断的知識の範囲を越えると考えざるを得ない。判断的知識の範囲というのは、判断的一般者の基礎の上で、それを命題的な主語・述語関係を駆使して最大限に延長する仕方で考えられ得る範囲ということである。言い換えればそれは、基本的に対象化し得るもの、基本的に言語化し得るものの範囲である。その範囲を越えたところが、自覚的一般者となる。西田の場合、言葉と思惟との関係には曖昧なところがあり、言語化できないところも思惟し得ると考えているようである。先に、判断的一般者に於て主語的なものが述語面の底へと超越することが、内面的な超越の生起であると捉えられたが、これは私たちの自覚的意識において直接に与えられるものだと西田は考えている［五・一一四］。直接に与えられるものが直覚である。西田の考える自覚的意識における知には意志が参与している。

では、自覚的自己において知と意志とはどういう関係にあるのか。

自覚的自己は最初に知的なものとして現れる。西田によれば、判断的一般者が自覚的一般者の中に包まれると考えられたときには、判断的一般者の超越的述語面は、自覚的一般者が自己自身の内容を映す自覚的一般者の限定面となる［五・一二六］。判断的一般者の超越的述語面に「於てあるもの」として具体的であり実在的であったものは、自覚的一般者の自己限定面では抽象的となり、単なる意識内容に過ぎない非実在的なものとなる。実在的なるものは前には対象的存在として受けとめられていたが、いまは作用的存在として受け取るように変化する。つまり、自覚的一般者の自己限定面に「於てあるもの」は、自己自身を意識するものとして作用的存在であり、これが実在と見なされるようになる。自己自身を意識するものというのは自覚的自己のことであり、この自覚的自己は自覚的ではあるが、判断的一般者の内容をそのまま自らの意識内容とし、自己自身の自覚的内容をもたない形式的有に留まる［五・一二六―一二七］。これが知的自覚的自己である。

知的自覚的自己は確かに自覚的一般者の自己限定面に「於てあるもの」であるが、まだ判断的一般者の超越的述語面に「於てあるもの」という性質を残している。前者の面では知的自覚的自己は自覚的であるが、後者の面では対象的であると考えられる［五・一二七］。そのため、知的自覚的自己の意識面に「於てあるもの」は、まだ「自己自身の内容を限定し、自己自身の内容を映すもの」にはなっていない。しかしそれは、自己自身の自覚的内容をもたないために、かえって自己自身を超越したものの内容を映していると考えられる。

「映す」という作用が志向作用である。西田は、意識の「志向」を「低次的意識作用が高次的意識作用の内容を映す」ことであると定義する［五・一四九］。志向は知的自己の作用であり、「知的自己の立場に純なれば純なる程、その内容は超越的となると共に、その意識的実在性は形式的となる」という特質をもつ［五・一二七］。内容が超越的となって意識的実在性が形式的となったものが、西田にとって純粋な意味での「志向」になる。超越的内容とは、色を例にとれば色自体のようなものを指す。「意識的実在性は形式的となる」というのは、個々の色は何らかの表象としての意識的実在性をもつのに対して、色自体というようなものは内容ある実在性をもたないということを意味する。つまり、知的自覚的自己の意識面に「於てあるもの」は超越的ではあるが内容的には実在しないものに関係するのであり、この場合の意識面は表象的なものだと考えられる。なお、志向作用が作用としての内実を失って、形式的な実在性だけをもつようになると、作用的な能動受動は消えて、限定する限定されるという形式的な能所の関係が残ると解される。

このような知的自己の立場ではまだ、自己の中に自己自身を映すという自覚的有の意味は現れてきていない。自覚的有の意味が現れてきて、自覚的なもの自身の内容が意識されるようになるには、知的自己の立場から意志的自己の立場に移り行かねばならないと西田は言う［五・一二八］。この移行は、私たちの意識面が判断的一般者の超越的述語面という意味から完全に独立して、自己自身の内容を映す自覚的意識面に変わるということである。そのかぎりでは、真に自覚的一般者に「於てあるもの」は意志するものだとされる。自覚的意識面への移行は、抽象的意識面から具体的意識面への移行という意味をももっている。

この段階の意志は、純粋な作用としての意志である。即ち、私が何かを意志するというような意志ではない。意志作用の背後に本体というようなものを想定せず、作用そのものの内に統一を見るのである。西田によれば、判断的一般者の自己限定作用が判断であるように、自覚的一般者の真の自己限定作用は意志である。判断的一般者の場所に「於てあるもの」が判断の主観と考えられるように、自覚的一般者の場所に「於てあるもの」は意志するものであると考えられる［五・一三〇―一三一］。意識の本質は所謂「志向」ではなく「意志」である、というのが西田の考えである［五・一二九］。その理由は、志向作用が単に対象を表象するだけで、その内容を構成する意義をもたないのに対して、意志は対象の内容を構成し、価値を実現する作用だというところにある。[6] 逆に言うと、自覚的に自己自身の内容を限定する能作が意志なのである。西田の志向作用は純粋に知的な態度であると言ってもよい。

ただし、自覚的一般者が自己自身の中に自己の内容を限定する限定面は知的意識面であると西田は言う［五・一三〇］。つまり、知的意識面は意志作用を準備するものだと言ってよかろう。知的意識面の果たす役割は、判断的一般者において抽象的一般者の述語的統一面が果たす役割と通ずる。知的意識面がこのような役割を果たす故に、意識は志向的なものになり、また知的意識面は意志的自己の媒介面という性質を帯びるようになる。先述の「知って働くもの」というのは、一言で言うならば「意志」なのである。意志することは「知って働く、働くことを知る、知りつつ働くこと」である［五・一二九］。

自覚的自己がこのような「知って働くもの」であることが明らかにされたとき、自覚的限定は改めて「自己が自己の中に自己を映すことによって自己の内容を限定する」と明示され得るであろう。ここに自覚ということも改めて「自己が自己の中に自己を映す」[7] こととして確認される。

注

1　カントは、直観と悟性と構想力を包摂し、それらの内容を統一するものとして超越論的統覚というものを考えて、「私が思うということが、すべての私の表象に伴い得るのでなければならない」と言う（Immanuel Kant, *Kritik der reinen Vernunft, Philosophische Bibliothek Bd. 37a*, F. Meiner, Hamburg, 1976, B 132)。

2　ここに、特殊的事実から出発する帰納法の意義がある。西田の言う帰納法は特殊的事実が一般的法則を基礎づけるものを指し、この基礎づけは推論式的一般者で小語面が帰納法的一般者の大語面的限定を基礎づけることと等しい［四・三八四］。小語面を基礎として帰納法的一般者の内容を限定したものが、意識作用であると考えられる。

3　媒介者は一般と特殊の関係の枠内では特殊化、その枠を越えたところに及ぶときは個別化の原理となると解される。

4　なお第二章で、「一般と特殊との間隙がなくなる時、特殊は互に矛盾的対立に立つ、即ち矛盾的統一が成立する」ことについて考察したが、「一般と特殊との間隙がなくなる」とはこの「直接限定」を指す。論文「場所」ではかなり直感的に捉えられていたことが、推論式の考察を通して「媒介するもの」という契機を組み入れて思惟することで、より論理的に語られるようになったのである。また、「直接限定」は直ちに与えられるものを見るということであるから、「直覚」と等しい［五・七〇］。「直覚的限定」という言い方もされる。

5　実はここでの記述は、先述の推論式的一般者に関する記述とは内容に少し齟齬がある。推論式的一般者では、小語面が直覚的なもの、大語面が一般概念的なものであり、その両者を媒語面が同一判断によって結合するという構造が見て取られた。そこでは、個別化の原理はここでの媒介者に相当する媒語面ではなく、ここでの主語に相当する小語面に含まれるとされていた。また、推論式的一般者の自己限定は、媒語面が大語面と合一する形と媒語面が小語面と合一する形を両極とするわけであるが、この場合やはり媒介者が大語面あるいは小語面のなかに隠れてしまうことになる。他の箇所でも、何が媒介者なのかということについては叙述に食い違いのあるところが多い。おそらく、これは、どの立場で思惟しているか、どの契機に照準を合わせて思惟しているかということによって叙述に揺れや齟齬が出てくる問題なのではないかと思われる。そのような揺れや齟齬は論考が進むにつれて、西田に次第にはっきりと自覚されてくる。

6　西田がフッサールの現象学を批判するのも、この点による。カントの意識一般と違って、フッサールの志向性は表象的立場に留まると、西田は考えている［五・一四七―一四八］。

7　「映す」という語も最初は作用としての意味、もはや作用ではない意味の両方で用いられるが、後にはもっぱら作用ではない意味で用いられるようになる。

第四章　迷える自己が見えてくる——一般者の自覚的体系

1　叡智的一般者へ、さらに絶対無の場所へ

西田は知を一般者の自己限定として捉える。前章では、その自己限定が、一般者が自己自身の限定の底に深まっていくという自覚的限定の構造をもつことを追究した。それは、判断的一般者が主語的なものを自己の中に没却した述語的一般者へと推移する道筋をたどることであった。この述語的一般者が自覚的一般者と呼ばれるものである。

しかし、真に自己自身を見るものを求める西田の歩みはそれで終わらない。本章では、さらに自覚的一般者を超越してしかも自覚的一般者を内に包む一般者、即ち叡智的一般者へと到る道筋をたどる。その道筋の極所に、絶対無の場所が考えられることになる。

叡智的一般者を考えることは、自覚的自己が自己自身を越えてその底にあるものを探究することであるが、その思索についていくのはこれまで以上に大きな努力を要する。『一般者の自覚的体系』の序に「私の考は漸次に発展したものであるから、すべて前の論文は後の論文によって補正すべきもの

である」［五・四］とあるが、そうかと言って必ずしも後の論文の方がより完全な思想を伝えているというわけでもない。むしろ、論考が進むと次々と明らかにすべき課題が出てくる、そういう思考の仕方をしていることに注意すべきである。西田の思索がどのように動いていくか、ついていってみたい。本章では『一般者の自覚的体系』（一九三〇年）の論考を中心とする。

2　自己とは何か——三段階の一般者から考える

前章でみたとおり、自覚とは「自己が自己に於て自己を映す」[1]ということであった。ここに含まれる三つの自己の違いを明らかにすることを考察の端緒としたい。

自己についてのこれまでの議論を振り返ると、判断的一般者の自己限定面である抽象的一般者の立場から、判断的一般者の場所に於てあるものが「主語となって述語とならない」ところの個物であると考えられた。しかし、この個物は、判断の内容となるもの、つまり「単に考えられたもの（単に知られたもの）」に過ぎない。自覚的一般者の立場に移行すると、自覚的一般者の自己限定面である知的意識面の底に超越する主語的なるものが捉えられるようになる。差し当たって、この主語的なるものが真の個物としての「自己」である［五・一二二］。この自己（私）は判断するもの、つまり「考えるものとして考えられたもの（知るものとして知られたもの）」である。

判断的一般者に於ける主語と述語との対立は、自覚的一般者に於ては知るもの（主観）と知られるもの（客観）の対立となる［五・一三五］。判断とは知るものと知られるものとが一だということになり、知られるものが知るものであるということがまさに自覚だということになる。そして、判断的一般者の限定の過程では単なる作用と見なされていたものは、この知るものと知られるものとの一性に裏付けられて合目的的となる、と西田は考える。何らかの目的が自覚され、その目的を達成することによって消滅するのが、合目的的作用である。つまり、合目的的作用は終わりの目的が始めに与えられることで成立し、その作用の前後は自己自身の内容を限定する過程によって包まれる。その自己自身の内容を限定するのが意志作用だということになる。したがって、意志的自己こそ真の個物、「時空的に限定せられた個物の底に考えられた個物」〔五・一二五〕と見なされる。

しかし、このような意志作用は本質的に矛盾を孕んでいる。判断的一般者の超越的述語面に於てあるもの（個物）は、述語が直ちに主語となるものであるということから、自己自身に矛盾的なものであったが、それと同じように、自覚的一般者に於て限定せられた「知るものとして知られたもの」（自覚に於て私として自知されるもの）は、知ることが知られることであり、知られるものが知るものであるという意味で、自己自身に矛盾するものである〔五・一三三〕。西田によれば、この矛盾が極まったものが意志である。なぜなら、「欲することを滅するために欲する」のが意志であり、意志のあり方そのものが自己矛盾だからである。

矛盾はそこにとどまることを許さない。自覚の極致である意志が自覚的一般者に於てある最後のものとなり、意志の内包する矛盾によって次の段階へと越え出ると考えられる〔五・一三三―一三四〕。判断的一般者に於てある最後のもの、「働き」は、その背後に意識的な「働くもの」を考えることによって基礎づけられた（即ち、この段階で既に自覚的一般者によって限定せられたものという意味をもつようになった)。それとちょうど同じ様に、自覚的一般者に於てある最後のもの、即ち真に意志するものは、通常の意味での意識を超越しており、自覚的一般者がさらにそれを包むものによって裏付けられるということによって成立する。真に意志するものはもはや自覚的一般者に於てあるものではなく、自覚的一般者をさらに包む一般者に於てあるものだと考えられる。この上位の一般者を西田は「叡智的一般者(知的直観の一般者)」と呼ぶ。

以上の議論は、判断的知識を一般者の自己限定とする捉え方そのものがもっている動性を追いかけてゆくことで、上位の一般者へと進む形をとる。西田は一般者を、判断的一般者(推論式的一般者を含む)、自覚的一般者、叡智的一般者という三段階で考えて、これによって三種の世界が区別されるとする[五・一二三、一四〇]。判断的一般者に於てあり、これに於て限定せられるものが、広義の自然界であって、ここでの基本的な限定作用は判断である。自覚的一般者に於てあり、これに於て限定せられるものが意識界であって、ここでの基本的な限定作用は自覚である。叡智的一般者に於てあり、これに於て限定せられるものが叡智的世界であって、ここでの限定作用は知的直観である。これが西田の考える一般者の自覚的体系の大枠である。

3 ノエシスとノエマ——意識の二方向

前章で、無の場所については「於てあるもの」と「於てある場所」とが別々ではないことから、限定するものと限定せられるものという能所の関係で考察する必要があることを見た。自覚的一般者の限定は、一方で主語と述語の関係を用いて、他方で限定するものと限定せられるものという能所の関係を用いて論じられた。主語述語関係はもともと判断の構造を明らかにするためのものであったが、自覚的一般者の限定は判断の構造の延長線上である程度考察することができたからである。能所の関係にしても、抽象的一般者の述語的統一面が判断的一般者に「於てあるもの」の相互限定の媒介面となることを手引きとして考えられる部分があった。西田にとって判断を考察のモデルとすることは、知識の客観性、ひいては自らの思索の学問性を保持する上で非常に重要な意義をもっていたと思われる。しかし、叡智的自己の立場に至っては、もはや主語述語関係によって指し示しを得ることすらできなくなる。それは、言葉で表せないだけでなく、言葉を通して指し示すことも難しいようなものへと踏み込むことを意味している[2]。

　そこで、志向の能所の関係が用いられるようになる。それがノエシスとノエマである［五・一五三］。フッサールは「意識とは何ものかについての意識である」と意識の本質を規定し、これを志向性と呼んでノエシスとノエマの相関関係で捉えた。ノエシスは意識の作用的な面を指し、ノエマは意識の対象的な面を指す。だが、西田のノエシス・ノエマの語は意識を越えたところにまで用いられるために、その意味がはるかに広いものになってくる。

　繰り返しになるが、西田の志向作用について確認しておきたい。彼の志向作用とは、自覚的自己の知的意識面に「於てあるもの」が、超越的であるけれども内容的には実在しないものに関係する、その関係の仕方を意味するものであった。西田において志向は意識の本質ではなく、知的意識の本質にとどまる。意識の本質は意志である。知的意識面の特徴はその内容が表象的なところにある。その故に、自覚的自己において、知的意識面は意志的自己の媒介面という性質をもち、それが自覚的自己の立場を超え出る契機となるという重要な役割を果たす。そしてそれを超えたところでは、知的意識面と意志的意識面との一性が見て取られる。両面が一であるとは、知的意識面の働きであった志向作用と、それを媒介とした、意志的意識面の働きと見なされる対象構成作用とが、一であるということに他ならない。

西田においてノエシスとノエマは志向そのものの能所を指す言葉であり、ノエシスは志向するもの即ち意識する意識の方向、ノエマは志向せられたもの即ち意識せられた意識の方向を表す。これは前章で述べた限定の能所にそのまま当て嵌まり、前者は限定する方向、後者は限定せられる方向となる。ノエシス・ノエマの対語は、志向と構成が一つになった段階の意識、即ち叡智的自己の意識について語るときに効力を発揮する。叡智的一般者は自覚的一般者を包む一般者を指すわけであるが、私たちの自覚的意識は自覚的一般者に「於てあるもの」であるから、私たちの自覚的意識そのものを超えるところまで意識の動態を見越すように考察を広げることになる。西田において、主語と述語は判断の意識面の構造について論ずるための言葉であり、ノエシスとノエマは意識の構造について（その深層構造を含めて）論ずるための言葉である。いかなる一般者であれ、すべて一般者の自己限定面（意識面）に於てあるものはノエシスとノエマの両方向をもつというのが、西田の考えである。

そして、自己が自己に於て自己を見るということ、即ち自覚はノエシスとノエマとの合一を意味する。ただし、ノエシスとノエマとは必ずしも同格の仕方で合一するわけではなく、ノエシスが主となる場合もあるし、ノエマが主となる場合もある。そういうことが起こるのは、この合一が場所的なものであり（それ故合一面とか自覚面とかいう言い方が出てくる）、包むもの（主となる方）と包まれるもの（従となる方）という仕方でノエシスとノエマが重なり合うからである。このノエシスとノエマの語をきちんと把握することが、西田のここからの論考を理解する鍵となる。

なお、私たちの自覚的意識そのものを超えるところまで意識の動態を見越すということは、西田の次の問いを引き合いに出すとわかりやすい。「我々は如何にして意識の内外を比較し、意識せられたものを有限と考えることができるのか」〔四・二五〕という問いである。私たちは内界の知覚（内部知覚）と外界の知覚（外部知覚）を区別するが、意識の内と外を区別し比較するには、内と外との両方を見て両者を比較することのできる立場に立たねばならない。したがって、私たちは意識内を知りうるだけでなく、意識外も知りうるはずである。意識外を知るのは思惟によってである。このように西田は論ずる。[3]これはまさに場所の考え方である。西田が意識の語をいわゆる意識と無意識とを包摂する広い意味で用いるのも、同様の思考の仕方である。場所の論理が西田の思索を貫くものであることがわかる。ただ一つ注意しておかなければならないのは、意識という語と自覚という語の西田の使い方に揺れがある点である。意識の方が自覚を包摂するような使い方をするときもあれば、自覚の方が意識より広い意味で使われるときもある。『無の自覚的限定』になると、基本的に自覚の方が意識よりずっと深い射程をもつものとして語られるようになる。その場合の意識は狭義の意識の方に、ある程度まで近くなる。

4 叡智的一般者とは何か

それでは、意識が意識を超越するということ、即ち叡智的一般者に「於てあるもの」を限定するということは、どのように考えられるであろうか。

自覚的一般者に「於てあるもの」の最終的な形態が意志であり、意志はそれ自体が矛盾であると考えられたわけであるが、それが意味するのは、自覚的一般者に於てはノエシスの方向とノエマの方向とが最後まで対立するということである。意志において両方向が決して積極的に結合することはないため、意志は無限に動くものとなる。それ故、このノエシスとノエマとの対立は自覚的自己に於て明らかになることはない。この対立を対立として見ることは、自覚的自己がノエシスの方向に超越することによって初めて可能となる。これが、意識が意識を超越するということである。

自覚的自己がノエシスの方向に超越するということは、「「意識する意識」ということであり、そのとき「意識する意識」は「意識せられた意識」となる。つまり、先にノエシスであったものは新たなノエシスにとってのノエマとなる。意識はノエシスが次々とノエマを含み行くという仕方でノエシスの方向に深化してゆく、と西田は考える〔五・一三八〕。ただし、ノエシスがノエマを含むということは知的自覚では起こらない。感情の場合、感情の内容が私たちの自己の状態を現すと考えられるから、情的自覚は自己が自己自身の内を意識するものだと言える。さらに、意志的自覚では意識を超えてあるものが意志せられるのであるから、そこにはノエシスがノエマを含もうとする動態がある。そして、ノエシスがノエマを含み行く方向をさらに進むと、意志も越えられる。ノエシスがノエマを含み行く方向に進むということは、自己が自己の根柢に深まって行くということである。この深化の仕方を説明するものが場所的論理である。

　叡智的世界の考察を困難にしているのは、叡智的世界が思索の直接の対象となるものではないという点である。意志的自覚の孕む矛盾によって、自覚的一般者の超越を考えざるを得ないとしても、超越したその先の世界はどのように考えられるべきであるのか。

　叡智的一般者というのは知的直観という仕方で自己自身を限定する一般者である。この一般者に於てあるものはすべて自己自身を見るものであり、これに於て限定せられる内容はすべて知的直観の内容として「イデヤ」[4]と考えられるものである［五・二六三］。西田は、自覚的一般者が叡智的一般者に於てあり、これによって裏付けられると考えられるとき、意識面に於てあるものは叡智的世界のイデヤ的内容を映していると見なすことができる、と言う［五・一三九―一四三］。ここでは、「映す」という語は「見る（知る）」という語とは区別されねばならない。

　西田によれば、自覚的一般者の自己限定の奥には自己自身を「見るもの」がなければならない。自己自身を見る自己が形式的であるにとどまり、直ちに自己自身を見ることができないとき、それは「映す」と考えられる。そこから、自覚的一般者に於てあるものである私たちの意識的自己の根抵には、一々自己自身を見る叡智的自己があると考えるべきである。私たちの意識的自己は一々叡智的自己の「影像」であると理解すべきである［五・二六五］。このように西田は言う[5]。つまり、叡智的自己が自己自身を見る像（これは叡智的自己にとって実像であると想定される）は意識的自己には影像として現れるのであり、しかも意識的自己にはそれが影像であることがわからなければならない。

そこから、西田は意識的自己の根抵には或る種の直覚面（知的直観の意識面）がなければならないとする。この直覚面は意識面として可能なぎりぎりのところであり、知的直観は知として考えられるぎりぎりのものだと言ってよいであろう。そして、そのぎりぎりの在りようを、西田は志向と構成の一性から説明しようとする。つまり、イデヤ的内容を映す作用は志向作用であるが、自覚的自己がノエシスの方向に超越するとき（直覚面へと超え出るとき）、この映すことが構成作用の意義をもつ［五・一四九］。つまり、意志の底を超えたところで、意識の超越的志向が「意識を超えてあるもの」の内容を映すことで、叡智的世界の映った意識内容が叡智的自己の内容となる。映される「影像」という仕方で、叡智的世界は限定されるのである。志向と構成が一つになったものとしての意識が叡智的自己であり、叡智的自己においては自己の中に自己を志向することが自己の中に自己の内容を構成することであると考えられる［五・一四九］。要するに、叡智的自己においては見ることが構成することであり、これが知的直観なのである。そして、これが「真に意識すること」だと考えられている［五・一四八］。それが「真に意識すること」である以上、叡智的自己は想定され得るだけものではなく、直覚するもの、即ち直ちに自己自身を見るもの（直接限定するもの）と見なさなければならない。

そして、自覚的一般者が叡智的一般者によって裏付けられるということは、判断的一般者に於て限定せられる判断的知識内容も叡智的自己の内容として限定されるということを意味する。つまり、判断的知識の根拠も叡智的一般者に於てあると見なすことができる。

叡智的世界が私たちの意識内容に映されたとき、私たちの意識作用は当為的となり、価値実現の作用となる、と西田は考える［五・一四三—一四四］。叡智的世界とは意味の世界、価値の世界である。叡智的世界が影像のような仕方で限定されるということは、意識的自己にとって叡智的世界は「有るもの」という意味をもたないということである。「有るもの」とは意識的自己の方に属すべきものであり、意味の世界は私たちを動かす力をもつにもかかわらず非実在的と考えられる。このとき、判断的一般者に於て限定されるものの内で自己意識だけが「有るもの」という意味をもち、それ以外のものはすべて対象化されて、有の意味を失った観念的なるものになる。意識的自己にしても、自覚的一般者が叡智的一般者にまったく包まれるところまで進むと、意識的自己自身が認識対象となってしまい、有の意味を失ってしまう。自己が自己を没することによって客観界を包むというのは、そういう事態を指す。

5　カントとフッサールを手引として

このように叡智的自己に於て志向と構成が一であるということを、西田はカントの認識論とフッサールの現象学を引き合いに出して論じている［五・一四七］。その議論を見ると、西田がどのような哲学史的位置取りをしようとしたか、はっきりする。

西田は叡智的世界をカントの「叡智界（intelligible Welt）」の影響下で考えており、叡智的自己の立場をカントの「意識一般（Bewußtsein überhaupt）」に相当すると見なしている［五・一四四］。カントの意識一般は、私たちの個別的な主観的意識に対して、普遍性において考えられた意識を意味する。感性的直観が個人的意識と結びつく場合はその判断は主観的妥当性をもつだけであるが、意識一般と結びつく場合の判断は普遍妥当性と必然性をもつと見なされる[6]。

西田の場合、個別的意識の問題は『働くものから見るものへ』で内部知覚の事象として捉えられ、意識の内部と外部の区別として考察された。意識の普遍性の問題は西田においては既に場所の考え方によって解決されていたものであり、自覚的意識はそれを越えたものとして考えられている。しかし、意味や価値は場所の考え方だけでは説明することができない。意味や価値の問題は推論式的一般者を考えたときに一度考察が試みられたが、その段階ではこの問題を扱いきれなかった。西田は一般者の自己限定という仕方で知識を考えるために、その知識が真であるという価値の問題を自覚の深まりのなかで解決する必要があったと思われる。実は価値は、カントではまだ哲学の根本問題と考えられていなかったと言ってよいであろう。価値論を哲学の中心的な課題としたのは新カント派である。カントにおいて価値は事実問題（認識論）ではなく権利問題（道徳論）に属するという意味では、西田の考え方はカントと基本的なところでずれがある。しかし、西田が敢えて叡智的自己をカントの意識一般に相当すると見なしたのは、認識対象を構成する作用をそこに認めたからである。

西田において、対象の認識はまず判断的一般者の自己限定の問題として考えられるが、そのとき判断的一般者の超越的述語面が構成作用を担うと考えられる。その超越的述語面が自覚的一般者に「於てあるもの」と考えられ、その限定が自覚的限定として捉えられ、さらに自覚的一般者が叡智的一般者に包まれると考えられるとき、そこでの限定は認識対象界を構成する範疇的限定の意味をもつ。そのように西田は考えるのである［五・一四四―一四五］。

カントでは、感性的直観に与えられる多様なるものがアプリオリな純粋悟性概念と結びついて、総合的に統一されることによって私たちの認識が成立すると考えられている。その場合の悟性概念の使用の仕方が構成的（konstitutiv）と呼ばれる。感性的直観と悟性概念とを総合的に統一する働きが超越論的統覚と呼ばれることは既に述べた。西田の文脈では、判断が最終的に「叡智的一般者に於てある」ということが、カントの超越論的統覚の役割を果たすと考えられるのである。[7]

だが、叡智的自己はカントの意識一般に相当すると考えられるだけではない。意識一般に相当するのは、叡智的自己の立場の一面に過ぎない。叡智的自己のもう一つの面がフッサールの現象学の立場によって示される、と西田は考える［五・一四七］。西田によれば、フッサールの言う本質直観は、叡智的自己が自己自身の内容を見る知的直観に他ならない。叡智的自己の内容が判断的一般者の超越的主観として映っていて、叡智的自己の構成的立場が主となっているのが、カントの立場だとすると、叡智的自己の内容が自覚的一般者の超越的主観として映っていて、所与の立場、即ち直観的立場のみが考えられているのが、フッサールの立場だということになる。後者は志向に純化した立場だと言ってよいであろう。逆に言えば、カント哲学では所与の立場が深く考えられておらず、フッサールでは叡智的自己が意識的自己に対して認識対象を構成する構成的意義をもつことが忘れられている。西田はそのように批判し、自分の考える叡智的自己の超越的ノエシスはその両方を備えていると主張する。真の認識主観と考えられる知的叡智的自己の限定面は、直観という意義と構成的意義の両方をもつのである［五・二〇八］。叡智的世界に裏打ちされた客観的世界が真なる世界である。

このように、西田はカントとフッサールの思想を批判しつつ、彼自身の思索の文脈のなかに位置づけている。

6　叡智的自己は悩める魂である

さて、叡智的世界は私たちの意識作用にとって超越的対象であるイデヤの世界である。西田はイデヤを三種のイデヤに収斂させて、それに応じて真のイデヤを見るもの、美のイデヤを見るもの、善のイデヤを見るものという三種の叡智的自己を考えようとする。西田の知的直観はノエシス的超越であるから、このような違いはまずノエシスの区別として理解されるべきものである。

ノエシスの区別としてこれを言い直すと、まず知的叡智的ノエシスである。これは、対象界の構成という仕方で創造的に真理のイデヤを見るものである。しかし、真理はイデヤの抽象的なものであり、対象がまだ真に自己自身の内容になっていないため、真に自己自身を見るに至っていない。真に自己自身を直観するのは、情的ノエシス、つまり芸術的直観である。この段階で自己の個性が出てくるのであり、芸術的直観において、より適切な意味で自己が創造的となる。さらに意志的ノエシス、つまり良心に至ることで、イデヤは実践的となり、ノエシスの方向に自由意志が考えられる。詰まるところ、叡智的自己というのは自由で個性的な人格であり、私たちは現実に叡智的世界において自由で個性的な人格として生きている、と西田は言う［五・一七二］。ここに西田は真の道徳的自由意志を見るのである。

しかしながらこのように考えたとき、西田は、この道徳的自由意志にはまだ見るもの（限定するもの）と見られるもの（限定されるもの）との対立があることを指摘する。超越的ノエシスと超越的ノエマとの対立である。その対立が残る限り、叡智的自己は真に自己自身を見るものであるとは言えない。叡智的自己は意識的自己を超越するもののなお対立を残し、真に最後の有るものを包むものではない、と西田は言う［五・一七二］。

しかし、叡智的世界ですら意識的自己の内容に映る影像という仕方でしか知られ得ないものであった。叡智的自己というのは自己意識を失った自己のはずである。そのような自己になお残る超越的ノエシスと超越的ノエマとの対立とは、何を指しているのであろうか。

叡智的自己は確かに自己意識をもたない自己であるが、西田によれば、それは自己がなくなるという意味ではない。その事態を西田は「ノエマを取巻くノエシス的縁暈《えんうん》を失う」と言い表している［五・三五六］。ノエシス的縁暈とは意識されるものに常に付随する「私は思う」を指し、それを失うことはノエシスが完全にノエマに没入することを意味する。逆に言うと、それはノエマが完全にノエシスを取り込むことである。しかしノエマはノエシスを前提とするものであるから、ノエマがある以上、ノエシスがないということはあり得ない。それに対して西田は言う。「超越すると云っても、始から自己は自己を超越して居るのである、唯、自己自身に還るというに過ぎないのである」［五・三五六］。つまり、ノエマに没入するのはむしろノエシスの本来の在りようなのであるが、ノエシスがノエマに没入するという形は残る。その形が超越的ノエシスと超越的ノエマとの対立であり、そこに成立するのが「知的直観」である。この対立が残る以上、西田は叡智的自己についても「叡智的自己の意識面」という言い方ができると考える。しかし、これはあくまで意識的自己の意識面から類比的に言い得ることであると解すべきであろう。

西田は道徳的自由意志を考察するのに、古くから論じられてきた「悪への自由」という問題を持ち出す。西田は言う。自由意志とは客観的なるものを自己自身の内容として自己の中に包むものである。叡智的自己は自己の中に自己の内容を知的直観するという仕方でイデヤを見て、そのイデヤを実現してゆくと考えられるが、そのイデヤの知的直観にはイデヤを否定する方向が含まれていなければならない［五・一七四］。イデヤを実現する方向と実現しない方向が共にあって初めて、自由ということの意味があるからである。この両方向を含むということは、叡智的自己の超越的ノエシスはノエシスの自己否定を含むと考えてよいであろう。

西田の文脈では、悪とは叡智的自己が意識的自己の立場に堕することである。つまり、単に意識的自己そのものの立場では、悪は成立しない。意識的自己はイデヤの世界に生きていないからである。イデヤは叡智的対象であり、価値的なものである。意識的自己にはイデヤを否定し、悪という負の価値へと向かう意志はあり得ない。いったん叡智的自己の立場に立ち、そこから意識的自己の立場へと立場そのものが堕落するところに、悪に向かう意志が成立する。悪を為す自由をもつのは叡智的自己である。叡智的自己がイデヤを映すという仕方で限定された自己自身の内容を否定し、意識的自己の内容をもって自己を充たそうとするとき、反価値的なるものが現れる。知的直観のノエシス的方向には、どこまでも随意的なものが残されねばならないのであり、そこに悪の根源がある。そのように西田は考える。

したがって、叡智的自己に至ることで、私たちは苦悩を超越して心の平和に至るわけではない。意志的叡智的ノエシスは叡智的世界に於てある究極的なもののはずであったが、そこで西田は「悩める魂こそ叡智的世界に於ける最も深い実在である」と言い切る［五・一七五］。西田はまさにここに、叡智的自己のノエシス的独立性を見て取っている。

ここに見出されるのは究極の矛盾である。自己を見ることが深ければ深いほど、自己自身の矛盾に苦しまなければならない。自由であればあるほど、悪は大きくなる。

7　絶対無の場所とは何か

自己自身の中に矛盾を含むということは、自己の中になお自己超越の要求を含むということを意味する。叡智的世界にある最後のものは、まだ究極ではないということになる。西田は叡智的一般者をさらに包む一般者というものがなければならないと考えて、それを「絶対無の場所という如きもの」と呼んでいる［五・一七七］。そして、この絶対無の場所は宗教的意識であると考える。それは次のように規定されるものである。「宗教的意識に於ては、我々は心身脱落して、絶対無の意識に合一するのである、そこに真もなければ、偽もなく、善もなければ、悪もない。宗教的価値というのは価値否定の価値である」［五・一七七］。

「価値否定の価値」というような言い方はいわば宗教者の決り文句のように見えるかもしれないが、西田においては常に論理的な説明がなされるものである。つまり、通常価値と言われるものは、イデヤのようにノエマ的方向に対象として見られるものである。それとは別に、ノエマ的方向に無限に超越するということ自体に存在価値が生ずると考えることができる［五・一七七―一七八］。存在価値は対象認識とは逆に、反省的自己の方向に見られる価値である。存在価値は、為すべきなのに為し得ないというような当為価値を否定するたびごとに高まってゆく。このような見方に立って、西田は、「迷えるもの」が叡智的一般者に於てある究極の姿であると言う。「迷えるものこそ天使にもまして最も神に近いものである」［五・一七八］。その際に、「迷えるもの」が「我々が概念的に限定し得られるかぎり、最も深い意味に於ての実在と云わねばならない」［五・一七八］という言い方に注意する必要がある。「迷えるもの」には、なお一歩、概念的限定を超えるノエシス的超越が残される。そこに、西田は反価値的価値の極致として宗教的価値を観取するのである。

それ自体が概念的に限定することのできないものであった叡智的自己をさらに西田は突き詰める。知的直観はまだ意識の志向性の内にあり、叡智的世界はなおノエシスとノエマとの対立の世界であるというのである。価値はノエマ的に限定されたものであって、そのかぎり、一般者はなお限定せられたものだと考えざるを得ない。概念を通して指し示すことができる。しかし、叡智的一般者を超えて絶対無の場所に於てあるものに至っては、もはやそれを概念を通して指し示すこともできない。「宗教的意識内容の限定は判断的一般者の限定に準《なぞら》えて論ずることはできない、唯体験によると云うの外はない、絶対無の一般者の限定として概念的には無媒介なる限定と考えるの外はないのである」［五・一八二］。概念的にはまったく触れられないにしても、絶対無が体験できることに注意すべきであろう。それは単に理論上導き出されるものではない。絶対無が最後の有を限定するものであり、これまで論じてきた判断や自覚や道徳的自由意志などの一切のものの根柢をなすということは、西田において実在の世界の事実であると解される。

それ故西田は、絶対無の一般者に於て「立場」が成り立つような言い方をしている。そもそも一般者の自己限定は広義の理性を成立させるものであるから、「絶対無の一般者の立場」［五・一八三］は哲学の立場である。それでは、絶対無に関して宗教的体験と哲学の立場とはどのような関係にあるのか。

西田の考えでは、叡智的自己の立場に相当するのは科学的真理追究や芸術、道徳の立場であり、それを越えたところに宗教的自己（絶対的自己）の立場が成立する。この宗教的自己の立場が西田の叙述ではいま一つ明確ではないが、ここに、宗教的世界観と哲学的反省と宗教的体験の成立を見ていると理解してよいであろう［五・一八二―一八五］。詳しく言うと、宗教的自己の立場から叡智的世界の内容を見たものが、宗教的世界観である。宗教的世界観に立つということは、叡智的世界の内容を自分自身の内容とすることであり、したがって対象界を構成する性格をもつ。神の世界創造、絶対帰依の感情、自己を無にすることによって神に生きる、というようなことは宗教的世界観に属する。西田においては宗教的世界観の立場は厳密にはまだ叡智的自己に属するのであって、まだ哲学の立場でも宗教の立場でもない。

宗教的世界観を超えたものが哲学の立場であり、これは叡智的自己を超えた絶対的自己が自己自身の内へ反省する立場である。反省の立場とは、自己自身の内容を構成しないもの、内実をもたないものであるが、反省であるからそこに知識が成立する。その知識は絶対無の一般者の自己限定と考えられ、それは「如何なる意味にても限定を超越すると共に、そこに絶対無の場所として尚映すと云う意味が残されねばならぬ」［五・一八二］という仕方で成立する。つまり、「映す鏡」になるというのが絶対的自己として思惟することのできる最後の形であり、映すという仕方での反省となる。「映す」ということは既に叡智的自己の立場でのイデヤの受け取り方として出てきたが、映されるものは影像に過ぎないという意味で、哲学的に語られるものは、実在性をもつ宗教的体験に比してどこまでも不十分である。宗教的体験そのものの立場では、映すということも残されない。換言すれば、宗教的体験の立場ではそれ自身について一切語ることはできない。宗教は絶対無の意識の立場であると語ることも、あくまで哲学の立場で語っているのである。

このように哲学の立場を絶対的自己の自己反省として捉えることで、すべての知識を超越した知識の立場から種々の知識の立場及びその構造を明らかにすることが可能となる。これが、西田の考える「純なる哲学」、いわゆる第一哲学に相当するものとなる。

8　新たに行為的自己が問題になる

さて西田の考えでは、自覚とはノエシスとノエマとの合一を意味するが、この合一はノエシスとノエマとが単純に一つになるということではない。ノエシスがノエマを包むという動的な形をとるのであり、それ故に、ノエシスがノエマを完全に包み込む場合もあれば、ノエシスがノエマを包みきれない場合もある［六・七二］。前者の方が後者よりも自覚が深まっていると考えられる。知的自覚に於てはノエマ的限定が主となっており、ノエシスがノエマを十分に包まないのに対して、意志的自覚に於てはノエシス的限定が主となっており、ノエシスがノエマを十分に包んで合一する。また、情的自覚に於てはノエシスとノエマとが同等に合一する。したがって、知的自覚より情的自覚、情的自覚より意志的自覚の方がより深いと見なされる。

西田はまた、意識作用のあり方の違いから知的自己、意志的自己、行為的自己という区別を立てている。ここで、道徳の問題では覆いきれない行為の問題が立ち現われてくる。この三つの自己の区別は、自覚に於ける意識面の性格を表象的意識面と自覚的意識面に分けることに基づいている。表象的意識面というのは、何ものかをただ鏡のように映すだけで、映された何ものかは実在性をもたない意識面である（表象的意識面は、一般概念を論じた局面では、抽象的一般概念に相当する）。自覚的意識面は「自己が自己に於て自己を見る」という構造をもち、実在性がそこで成立する意識面である（こちらは具体的一般者に相当する）。それ故、自覚論は実在論になる。その観点から言えば、初期に純粋経験として捉えられたものが、中期に自覚として捉え直されると言うことができる。[8]

自覚的一般者から見ると、判断的一般者に於ても知的自己というものを考えることができ、それは表象的意識面に於てあるものとして考えられる。その知的自己はまだ自覚的ではないが、表象的意識面に於て自己が自己を映す無限の過程の中で、次第に自覚的となり、その極限として知的自覚的自己というものが考えられる。本来の自覚的自己の於てある場所は自覚的意識面であると考えると、知的自覚的自己は表象的意識面と自覚的意識面との境界にあると言ってよい。本来、自覚の深化が起こるのは自覚的意識面に於てである。知的自覚的自己よりいっそう深い自己が意志的自己であるが、さらに深いのが行為的自己である。

これまでの考察では、真の自己は知的自覚ではなく意志的自覚にあるということであった。しかし、知的自覚と意志的自覚とは別々のものではなく、意志的内容が知的自覚の形式に於て限定され、ノエマ的に自己限定面に映されるということがあって、意志的自己が意識されると考えられる。しかし、ノエシスの方向にあるものがもはやノエマ的に自己の内容を映すとは言えなくなるときがある。ノエシスの方向は単に自己意識に止まるものではなく、意志の底を越えてゆくからである。私たちの自己が意志の底に超越したと考えられるとき、その自己を西田は「行為的自己」であると考える［五・一五四］。つまり、行為的自己というのは、私たちの意識的自己の根柢にある意志のさらに根柢にある自己である。

西田は「行為する」ということをこう規定する。「私が行為するということは、自己の意識を越えた外界を自己の中に取り入れることである、外界の出来事を自己の意志実現として、自己の内容を表現するものと為すのである」［五・一五五］。先に西田の意識の内と外についての言及を見たが、行為については自己の意識という内界と自己の意識を越えた外界という区別が実際的な意味をもつ。知的自己も外界と関わるわけであるが、それは表象という仕方で外界を鏡のように意識面に映すだけである。自己自身の内容を意識面に映すと考えられる意識的自己は、どうしても（私の）内部知覚の統一を脱することはできず、そのノエマが外界を客観的に映すものと直ちに考えることはできない。つまり、知的意識面の外界は私の主観的な外界にとどまる。それに対して、「行為する」ことは自己が外界の出来事に参与することである。そうすることで行為的自己は「自己自身の意識を超越して、外界を包む」と見なされなければならない［五・一五五］。

では、行為において外界を包むとは、どのようなことと考えられるであろうか。それにはまず知覚的ノエシスの志向が基礎とならなければならない。知覚的ノエシスの志向はそのままでは意志的動作とは結びつかないため、知的自覚をノエシス的方向に超越して意識一般に至り、さらにこの意識一般をノエシス的方向に越えて叡智的一般者に入らなければならない。そこでようやく、行為することを知るという行為の自知としての自覚に至る。この行為的自己の自覚によって私たちは深く叡智的ノエシスそのものの中に入り得る、と西田は考える。つまり、叡智的世界に「於てあるもの」の内容がどのような形で私たちの意識に映されるかということを、私たちは論ずることができるというのである。[9]

　このことを西田は意識面の問題として説明しようとする。自覚的意識面は表象的意識面をその底へノエシス的方向に越えたものであるが、その自覚的意識面に於てあるものがさらに自覚的意識面の底へとノエシス的方向に越えたものがここで問題になる［五・四三五―四三六］。つまり、これまで自覚的自己と考えられてきたものは、表象的意識面に於て自己自身の内容を限定するノエシス的自己であると見なすことができるが、それは表象的意識面に於て限定するが故に個人的な内部知覚的自己の範囲内にある。内部知覚的自己というのはやはり限定された自己であり、対象的に見られたものという性格を残している。行為的自己というのはそういう性格が消えていなければならず、真の意味で見るものなくして見る自己でなければならない。その上、真に見るものなくして見る自己といえども、それが自己と言い得るかぎり、「自己が自己に於て自己自身の内容を限定する」ということがなければならない。その「自己に於て」、即ち行為的自己の自己限定面を、西田は広義における「表現的意識面」と呼ぶ［五・四三六］。

　このように述べると表現的意識面は表象的意識面、自覚的意識面よりもっと高次の意識面であるかのように聞こえるが、そういうわけではない。意志的叡智的自己から行為的自己への深化を論ずる西田の叙述は錯綜している。

9 「行為」と「表現」は表裏の関係にある

西田の考えでは、行為することは外界を自己の中に取り入れることであるが、それは同時に自己の内容を表現することであった。外界の出来事はここで質を変えて「表現」となる。行為と表現とはいわば表裏の関係にある。

意志的自己は知的自己の対象界である自然界を超越すると共に、自己自身の影をその自然界に映す。それと同様に、行為的自己はカントの物自体のように意識一般の対象界を超越すると共に、自己自身の影をその対象界に映す［五・一五七―一五八］。西田にとって「行為」とは、そういう仕方で叡智的一般者に於てあるものを限定することに他ならない。これはカント的に言うと、行為することの自己知に於て「認識対象界と叡智的世界とが結合する」と解される［五・一五八］。これが、「自己の意識を越えた外界を自己の中に取り入れる」ということである。認識対象界と叡智的世界との結合は、客観的実在が自己の意識的有となるということでも、主観的自己が客観的実在となるということでもない。叡智的世界は価値の世界であるから、この結合は自己の意志を客観的世界に於て価値的に実現するということを意味するのである。

この価値的実現が「表現」と呼ばれるのである。行為的自己の自己限定面が表現的意識面と呼ばれるのは、この意識面に於てあるものはすべて自己自身の内容を表現するものだからである。すべてが自己自身の内容を表現するものとなるということは、「於てあるもの」のすべてが私によって色付けられたものとなるということのように聞こえるかもしれない。しかしまったく逆であって、表現の内容はイデヤの実現として最も客観的なものであると見なされる。表現の内容が意識一般の対象界に相当する。西田の考えでは、私たちに直接与えられるものはすべて表現的なのである。そして、表現的なるものは叡智的自己の自覚的内容であることから、ノエシスとノエマの両方向をもつと考えられている［五・三七九］。ノエシス的方向というのは自己が自己そのものを見る方向であるが、自己そのものはそこに与えられていない故に、自己の無を見る方向だとも言える。ノエマ的方向というのは自己自身の内容を見る方向であり、自己が作用的意義を失う方向である。

　行為的自己についても当然ノエシスとノエマの両方向があり、次のように言われる。「行為的自己というのはそのノエシス的方向に於て自己自身の内容を見るものとして叡智的自己と考えられるが、その深い根柢に於ては自己自身のノエシス的内容を見ることができないという意味を有って居る。かかる場合、行為的自己の限定は単なるノエマ面的限定として表現的一般者の限定と考えられるのである。知的叡智的自己の限定というのはかかる両極端の境界に位するものである」［五・二五三］。ここで、行為的自己は自己自身の内容を見るものであると言われながら、その後直ちに、深い根柢に於てはそれを見ることはできないと否定される。前者は行為的自己が「見るものなくして見る」の「見る」という面を表し、後者は「見るものなくして」という面を表していると解することができる。見る自己の背後で見ることを成立させているのは、見る自己が無いという無である。

以上のように、西田は行為と表現の表裏の関係をノエシスとノエマの語を駆使して示そうとするのである。

10　絶対無の自覚から種々の知識の立場を説明する

さて、『一般者の自覚的体系』の「総説」の終わり近くでは、絶対無の自覚からその自己限定の展開という仕方で、種々の知識の立場とその構造がまとめて説明されている〔五・四五一—四五三〕。そこで見えてくるのは、行為と表現をめぐる一般者である。西田の叙述を解明してみよう。

まず、絶対無の自覚そのものは「見るものも見られるものもなく色即是空空即是色の宗教的体験[10]」と説明されるだけである。この絶対無の自覚が自己自身を限定するということからすべてが始まる。それについて「何故に絶対無が自己自身を限定するか」という問いが起こるとしても、この問いそのものが絶対無の自覚の自己限定として起こると解される。つまり、そもそも絶対無の自覚は自己限定するものとして示されるのである。自己限定するものだということは、そこにノエシスとノエマという対立関係が含まれるということであり、そのことは、絶対無の自覚が無限の動態であることを示している。この動態を考察した原点が、純粋経験の自発自展的統一の動態であることは言うまでもなかろう。

まず、絶対無の自覚が自己自身を限定するそのノエシス的方向に見られるのは、「内的生命」である。これはノエシス的方向であるから、無限な生命の流れとしか指し示し得ないものである。

そして、絶対無の自覚の自己限定のノエマ的方向に成立するのが一般者の場所であり、その最も根本的な一般者が「広義に於ける行為的一般者或は広義に於ける表現的一般者」である。こういう名称になっているのは、この一般者がまだ行為的一般者とも表現的一般者とも特定できず、どちらでもあり得るものだからである。この一般者にノエシス的限定とノエマ的限定を考えることで初めて、行為と表現の区別が成立する。即ち、この一般者のノエシス的限定の方向に「行為的自己」が見られ、そのノエマ的限定の方向に「表現」が見られる。ただし、この行為的自己は無にして見る自己のノエシス的限定の意義をもつのであって、いやしくも行為的自己というものが見られるかぎり、それは真の行為的自己ではない。真の行為的自己は見られないものだからである。行為的自己というのはそれ自体が矛盾を含んだものである。したがって、すべての表現的内容を自己自身の限定と見るという意味での「行為的一般者の自己限定」というものも成立しない［五・四四四―四四五］。私たちはすべての表現的内容を限定するノエシス的限定を自覚することはできないのである。そこで、見られないものと見られるものとの区別を浮かび上がらせるために、（広義に於ける）行為的一般者は、ノエシス面に即したものとノエマ面に即したものとの二つに分かれると考えざるを得ない。

そのノエシス面に即したものとして「狭義に於ける行為的一般者」が成立する。この「狭義に於ける行為的一般者」に於てあるものが行為的自己である。この行為的自己が、自己として内容をもって語り得る最初のものである。行為的自己が自己自身を自覚するということは、行為的自己が自己自身の内容をノエマ的に見るということであり、それはイデヤの世界を見るということになる。それ故、行為的自己が自覚することは、叡智的一般者が成立することである。「狭義に於ける行為的一般者」

は「叡智的一般者」と同じものである。

「広義に於ける行為的一般者或は広義に於ける表現的一般者」のノエマ面に即したものとして「表現的一般者」が成立する。この表現的一般者に狭義とつかないのは、そもそも広義の表現的一般者が形式的なものに過ぎないからである。叡智的一般者は行為的自己が自己自身の内容をノエマ的に見るということに成立するのであり、ノエマ的に見られる限り、叡智的一般者も表現的一般者に含まれることになる。「見る」とはノエシス的限定であるから、「ノエマ的に見る」は奇妙な表記であると思われるかもしれない。「ノエマ的に見る」とは、要するに、日本語で「見える」を意味し、いわゆる中動態を指すと解される。一般者はすべて「見える」ことから始まると言ってよい。したがって、すべての一般者の自己限定は表現的一般者に於て包括され、自覚的一般者や判断的一般者の区別も表現的一般者の中でなされ得るのである。

このように見ていくと、行為的自己と表現的一般者とは微妙な関係にあることがわかる。それは、知識的限定と実践的限定との立場の違いに関係する［五・四五〇―四五二］。行為的自己は実践的限定に立つかぎり、ノエシス的限定に徹底するべきものであり、ノエシス的限定に徹底すれば、表現的一般者の限定を越えたものとなる。しかし、知識的限定の立場に立つものは、どこまでも表現的一般者の立場に立たなければならない。知識的限定の根本的典型となるのは、表現的限定のノエマ面的限定である判断的一般者の限定である。そして、知識的限定の立場に立つものは抽象的自己である。行為的自己は知識的限定の立場に立つと共に、その立場を越えて実践的限定の立場に立つ。先に、表象的意識面と表現的意識面の区別を見たが、抽象的自己にあくまでとどまる意識面が表象的であり、行為的自己の意識面は表現的であると共に表現的にも限定できないものであると言うことができよう。西田によれば、知識的限定と実践的限定とはいつも相対立し、一方が他方を包括するということはない。

11　内から見られた身体を要に社会や歴史を考える

自覚の立場で実践の事柄を思惟するときに問題になることの一つは、身体である。身体の問題は社会と歴史の問題に展開する。この時点で西田がこれらの問題をどのように考えているかが、この後の思想展開を見るときの手がかりとなる。

私たちの身体はいろいろな意味をもっているが、西田が重視するのは身体が意識的自己の道具となるあり方である［五・二七二］。道具となるとは、私たちの行為が意志を実現する際に、意志と身体とが内面的関係をもつようになることを意味する。道具と言うと、単なる手段として扱うというような悪い意味で受け取られるかもしれないが、西田の場合、何の齟齬もなく動いて意志実現を媒介するものという積極的な意味をもっている。そして、その意志と身体の関係は意識的自己と自然界との関係に繋がる［五・二七〇］。自覚的一般者に於てあるものとしての意識的自己が、意識一般の内容としての客観的対象界を包むことはできない。しかしながら、その客観的対象界は意識的自己自身のノエシス的内容を少なくとも含み得る可能性をもっていなければならない。なぜなら客観的対象界は既に叡智的自己の内容だからである。

西田によれば、客観的対象界がノエシス的内容を含むに従って、「合目的的自然」が成立する。しかし、合目的的自然は自己自身の中に包まれた自己のノエマではなく、合目的的自然に於て私たちは意識一般の立場から自己を見ているのである。真に自然を自己の内容としてこれを内に包むということができるためには、自然が自己の道具とならねばならない。自然が自己の道具となるということは、自然が自己の身体になるということである［五・二七〇―二七二］。

言い換えれば、身体は意識的自己の道具であるだけでなく、意識的自己の表現と見なされる。意識的自己の表現となった身体は叡智的身体と呼ばれる。このとき、客観界はすべて表現の世界となり、そこに私たちは公の場所をもつ、と西田は考える［五・三〇二］。公の場所に於てあるのは社会的自己であり、社会的自己は意識的自己のノエシス面の底に考えられると共に、叡智的自己の意義をもつものだと考えられる。そこに成立するのは、私たちの自己が身体的に自己自身を限定してゆくノエシス面とは別の意識面である。社会的意識内容を構成する言語や種々の礼俗などの内容が表現として捉えられることから、社会が文化的世界としての意義をもつことが説明される［五・三二五―三二七］。

ただし、西田の考える社会的自己は叡智的自己の意義をもつけれども叡智的自己そのものではなく、したがって個性的ではない。西田の考えでは、個人的意志的自己は社会的自己よりも深い根柢をもったものであり、私たちが社会的自己の意識面に於て持ち得るのは個人的自己のノエマ的限定に過ぎない。したがって、芸術的意識や道徳的意識の方が社会的意識よりいっそう深く叡智的世界に於てあるものだと考えられている。

そして、社会的自己は身体を脱したものであるのに対して、歴史的世界は超越的自己の身体的限定によって成立する［五・三三〇］。社会的現象は歴史のなかで現れるが、歴史的内容を構成するものと社会的内容を構成するものとは異なっている、と西田は考える。おそらく西田は、意識的内容がやがて合目的的自然を成り立たせるように、社会的内容は歴史的内容を成立させていくと考えているのであろう。歴史的自己は、狭義の行為的一般者に於てあるものがノエシス的方向に超越したものと考えられており、叡智的自己がさらにノエシス的方向へ徹底したものと位置づけられる［五・四五二］。「我々の行為的自己が深い生命のノエシス的限定としてイデヤを見ようとするのが歴史である。歴史の真の質料は所謂感覚的質料という如きものではなく、我々の深い生命の流でなければならない」［五・四四九］。

これらの社会や歴史の考察は決して十分なものではないが、留意すべきであるのは、その考察の要となっている身体の在りようである。西田にとって身体はまず外からではなく内から見られるべきものなのである［五・二七五］。内から見られた身体は、第二章6で「意識の空間」として語られたものと通じている。意識という内界と意識を越えた外界とが嵌入《かんにゅう》するところに行為が成立すると考えるなら、この身体の捉え方が西田の社会や歴史の考え方を特徴づけるものとなることは容易に推測できよう。

注

1　「映す」が「写す」であったり、「見る」であったり、西田の書き方はいろいろ変化する。自覚を捉える局面によって違いが出てくると解されるが、自覚の構造としては同じである。

2　二十世紀の言語論的転回以降、言葉の役割に注目が集まるようになり、言葉は現実を構成する条件であるという考え方が力を持つようになっている。自覚的意識を考察しようとする者は、言葉で表し得るものと言葉で表し得ないものという言い方をすることが多い。しかし、西田の場合、言葉で表し得るものと表し得ないものという二分法では粗雑すぎると言うべきであろう。

3　なお意識の内外の区別として一般に言われるのは、感覚の有無であり、感覚されるものが意識内と言い得る。しかし、思惟も意識であって何らかの感覚を伴わなければならないはずであり、思惟が可能になるのは感覚が思惟内容を代表することによってである［四・二五］。このように西田は論ずるが、結局、感覚の有無によって意識の内と外を区別するという考え方は採らない。

4　プラトンのイデア（ἰδέα）を念頭に置いている。プラトンのイデアとは、例えば「美とは何であるか」という問いに対して、美がまさにそれであるところのもの、「美そのもの」を意味する。西田の叡智的世界はイデヤの世界である。

5　西田の著作では「ねばならない」とか「べきである」とかいう記述が頻出するが、それは叡智的一般者が問題になるあたりから際立ってくる。叡智的一般者をめぐる議論は、意識におけるわずかな徴表から組み立てられていくからである。それ以降の議論はその上に積み重ねられていくから、すべて「ねばならない」で成り立っていくことになる。

6　Immanuel Kant, *Prolegomena zu einer jeden künftigen Metaphysik, die als Wissenschaft wird auftreten können*, *Philosophische Bibliothek Bd. 40*, F. Meiner, Hamburg, 1993, S. 62.『カント全集6　プロレゴーメナ』久呉高之訳、岩波書店、二〇〇六年、二五九頁。

7　西田は「範疇的限定」という語を用いているが、カントのように範疇表を作るわけではなく、どのような対象が構成されるかということに西田の関心は向かっていない。

8　あくまで便宜的な呼称であるが、『善の研究』（一九一一年）から『芸術と道徳』（一九二三年）の頃までを初期、『働くものから見るものへ』（一九二七年）から『無の自覚的限定』（一九三二年）の頃までを中期、『哲学の根本問題（行為の世界）』（一九三三年）から『哲学論文集第七』（一九四六年）までを後期と呼ぶことにする。

9　ただしそれは、行為的自己の自覚に於て叡智的世界が映され、そこで叡智的世界の知識が成立するということではない。そのように考えるのは通常の意味での形而上学であり、西田は自分の叡智的自己の考え方はその意味での形而上学ではないと考えている［五・一五八］。

10　「色即是空空即是色」は言うまでもなく『般若心経』などに出てくる言葉であり、仏教の根本教義を示すとされる。西田は宗教体験、宗教意識に触れるときに、仏教語や禅語を説明なしに付加する。現代の感覚からすれば、このような仏教語、禅語の用い方は実に不用意である。西田の時代と私たちの時代とでは宗教の状況がまったく違うことを推測させる。

第五章　裏から表を見る――絶対無の自覚

1　自覚の根拠の究明

前章で扱った『一般者の自覚的体系』は、「我々の自覚的体験と考えるものを指導原理として、主語的なるものの超越によって、種々なる一般者の自己限定を考えた」〔六・四〕ものである。書名に「自覚的体系」とあるように、この書には西田の著作のなかで最も整った仕方で自覚の構造の全貌が示されている。その内容に対して、田邊元は「西田先生の教えを仰ぐ」（一九三〇年）で次のように批判している。

> これは正にプロティノスの一者から順次に drei Hypostasen が思惟せられたのと軌を一にするものではないか。唯相異る所は後者に於ては全体の思想にノエマ的傾向が勝つに反し、前者に於てはノエシスの超越という先生独特の深き思想が其基調をなす点にある。併し如何にノエシス的超越というも、之を絶対無の自覚の場所とし、その自己自身に由る限定として諸段階の一般者とそれ

に於ける存在とを思惟するならば、それは一種の発出論的構成たるに於て、プロティノスの哲学と軌を一にするものといわなければなるまい。[1]

プロティノスの思想はアリストテレスの形而上学とプラトンのイデア論とを受け継いで存在の一元論的構造を明らかにしようとするものであり、西洋形而上学の一つの原型となった。[2] ここで田邊がプロティノスの哲学を一種の発出論であると述べている点に注意したい。この時期の重要な著作『ヘーゲル哲学と弁証法』の最後の論文「弁証法の論理」で田邊は、ヘーゲル弁証法の発出論的論理性を神秘主義に繋がるとして厳しく批判している。田邊が西田の思想をプロティノスの発出論と同じだとした批判は、このヘーゲル批判と重なる。発出論というのは、田邊において「哲学の宗教化」を導くものなのである。

西田の立場からすれば、田邊の言う発出論的形而上学は宗教的世界観に属するものであって、純なる哲学の立場ではない。その限りでは、西田が田邊は自分の考え方を理解していないと考えるのは当然である。しかし、西田は、無の自覚をその根抵まで徹底的に明らかにしないかぎり、一般者の自己限定という知の構造はその意義を示すことができないということを、田邊によって突き付けられたように思われる。自覚の根抵とされた絶対無の自覚は宗教的体験として示されただけであり、哲学的には影像という仕方でようやく考えることができるという程度のものであったからである。次の著作『無の自覚的限定』(一九三二年)の序に「「場所の自己限定としての意識作用」及び次の論文(「私の絶対無の自覚的限定といふもの」)も主として哲学研究第百七十号に載せられた田邊君の批評を考慮して、私の場所とか無の限定とかいうものが知識構成に如何なる役目を演ずるかを明にしようと思ったのである」〔六・六〕とあるのは、西田にとっての田邊の批判の大きさを示している。田邊の批判は根本的なものであるから、彼の影響はここで言及されている二論文に限られないであろう。

絶対無の自覚とはどういうものかを明らかにすることが、『無の自覚的限定』の主題となる。その考察に際して、序にある次の文章を念頭に置いておきたい。「判断的一般者と考えられるものを表とすれば、〔『一般者の自覚的体系』では〕云わば表からその裏を見て行ったのである。此書〔『無の自覚的限定』〕に収めた論文に於ては、私は我々の自覚と考えるものの根抵を究明することによって、裏から表を見ようと努めたのである」〔六・四〕。表から裏を見るというのは、客観的知識の典型である判断の知識から根抵となるいっそう真なる知識を目指して追究する道を指す。したがって、裏から表を見るというのは、最も根抵とされた絶対無の自覚からすべての知識を見る道のはずである。

しかし、それをするには絶対無の自覚をその構造まで明らかにして、そこから説明しなければならない。絶対無の自覚は宗教的体験としてしか知り得ないのではなかったか。西田はまず、絶対無の自覚の構造を論ずることができるための哲学的足場を固めることから始めなければならない。

2　絶対無の自覚を考察する足場

西田は『無の自覚的限定』の冒頭の論文「表現的自己の自己限定」の中で次のように言う。

……絶対無の自覚というものが考えられる時、それは唯無限に自己自身を限定する生命の流ともいうべきものであろう、ノエシス的には生命が生命自身を限定するというべく、ノエマ的には事実が事実自身を限定するというべきであろう。絶対無の自覚に於るノエシスとノエマとの合一面即ち自覚面ともいうべきものに於て、事実即生命、生命即事実でなければならない。併し我々が真に絶対無の自覚の立場に入ることができない以上、抽象的自己限定として一方に事実自身の自己限定というものが見られ、一方に生命自身の自己限定というものが見られる外はない。意識的自己の自己限定に比して云えば、知覚と衝動という如きものに当るのである、両者共に未自覚的なる無にして見る自己の自己限定というべきである。かかる意味に於て自覚的限定を中心として、そのノエマ的方面に見られる未自覚的なる自己限定が判断的自己の自己限定と考えられるものであり、そのノエシス的限定の方面に見られるものが行為的自己の自己限定と考えられるものである。行為的自己の自己限定というのは自覚的意義を有った生命の自己限定に外ならない。〔六・七三―七四〕

西田はここで「我々が真に絶対無の自覚の立場に入ることができない」ことを改めて確認している。この「我々」は哲学者を指すと解される。自分の思索の立ち位置をはっきりさせることは、絶対無の自覚を主題的に考察するためにどうしても必要なことであった。西田によれば、哲学者が見ることができるのは「抽象的自己限定」である〔六・七二―七三〕。では、「抽象的自己限定」とは何か。第四章8で述べたように、自覚面とはノエシスとノエマとの合一面であり、ノエシスとノエマとが同等に合一した自覚面は感情的な質をもつ。感情的な質をもった自覚面が体験として徹底する。この自覚面のノエマが優位になる方向に知的自覚が考えられ、ノエシスが優位になる方向に意志的自覚が考えられる。そこまでが実在的な自覚であるが、西田は、さらにその両端に抽象的なノエマ面とノエシス面を考えようとする。抽象的なノエマ面というのは「知覚の如きもの」であり、抽象的ノエシス面とは「衝動の如きもの」である。いずれにおいても自覚の実質的意義はもはや失われているため、抽象的限定と言われるのであり、「如きもの」という言い方も実在的な自覚の比喩でしかないからである。そして、この抽象的限定の意義を更に極限まで徹底すると、ノエマ面に志向作用、ノエシス面に随意的意志という如きものが考えられる。このように西田は説明する。要するに、自己を見るという自覚をリアルに成立せしめるのが具体的限定であるとすると、その外側に自覚をリアルに成立せしめない抽象的限定を考えることができるということである。

　したがって、西田が裏から表を見るときの見取り図は、次のように理解することができるであろう。絶対無の自覚そのものに於てはどこまでも見る自己が中心であるから、ただ無限の生命の流れとしか言うことができない。しかし、絶対無の自覚を見られた自己を中心に考えるならば、そこにはノエシスとノエマの区別が出てくる。即ち、無限の生命の流れというノエシス的限定の内容をノエマ的に見るという仕方で、自覚面が成立する。この自覚面に於てノエシスが主となると、生命自身の自己限定と考えられ、ノエマが主となると、経験される事実自身の自己限定と考えられ、ノエシスとノエマとが同等であると、事実即生命、生命即事実と考えられる。ノエマが主となる方向を押し進めた端に、抽象的自己限定として事実自身の自己限定が見られ、ノエシスが主となる方向を推し進めた端に、抽象的自己限定として生命自身の自己限定が見られる。前者が「表現」と考えられるものであり、後者は「体験」と考えられるものである。つまり、前者の方向に自覚的意義をもった表現的自己の自己限定、後者の方向に自覚的意義をもった体験的自己[3]の自己限定というものを考察することができる。前者は判断的自己の自己限定、後者は行為的自己の自己限定となっていくと考えられるが、この両方向は決して別々のものではなく、行為的自己に於て体験の内容と考えられるものが判断的自己に於ては事物的なものと考えられるのである。

そして、この両方向の抽象的限定面を考えることによって、私たちがノエマ的に見ることのできない（反省することも意識することもできない）絶対無の自覚の自己限定面を考察できる、と西田は言う。なぜなら、抽象的限定面は自覚的自己の自覚面を越えてどこまでも広げられ深められていくものだからである。広げられ深められるということは、ノエシスがノエマを包むという仕方で可能である。つまり、表現的自己がノエシスの方向に広げられ深められるということ、即ち体験の方向に広げられ深められることによって可能である。体験の内容は行為的自己のノエシス的限定の内容として事実に即してイデヤ的に見ることができるが、それよりもっと深い体験的自己のノエシス的限定の内容はイデヤ的に見ることができない。しかし、イデヤ的に見ることのできない体験の内容は、表現的自己のノエシス的限定に映されると西田は考える。

ここで西田が考えていることは、『一般者の自覚的体系』で考えていたことと変わらない。ただ、絶対無の自覚のノエマ的限定に基礎を置く表現的限定の意義がより深く大きなものとして見えてきたということであろう。表現的自己の自己限定面はすべての行為的自己を否定し、その内容を映すと共に、それ自身がノエシス的限定の意義を極小にした絶対無の自覚的限定としてどこまでも行為的自己を包むのである。抽象的限定という考え方は、ここで「単に映す鏡」というあり方を最大限に引き出すことになる。

相当強引な議論であり、これを受け容れられないとする批判も可能であろう。しかし、西田がこのような議論を通して、哲学的思索の射程を拡張する哲学的な努力をしており、その拡張の妥当性に確信をもっていることに注意すべきである。この確信の哲学的意義を考察するのは、私たちの仕事である。西田の考えでは、哲学の立場は体験そのものを感受することはできないが、体験の内容をノエシスがノエマを包む限りない動態の中で反省できることになる。ここではそれを追思しよう。

3　事実が事実自身を限定する

さて、自覚の根拠を明らかにするための鍵となるのは、事実が事実自身を限定するということである。事実が事実自身を限定するに至って、抽象的ノエマ的限定と考えられた表現的自己の自己限定が初めてそのノエシス的自覚に達し、抽象的ノエシス的限定と考えられた体験的自己の自己限定が初めてそのノエマ的自覚に達すると考えられるからである〔六・七五〕。これを明らかにするために、まず西田の考える「事実」とは何かということから見ていこう。

第四章で、叡智的世界としてイデヤの世界を考え、さらにそれを行為と表現の関係で受け取り直して、イデヤの世界を見るとは行為的自己が自己自身の内容をノエマ的に見ることだと考えた。行為的自己の自覚的内容のノエマ的に限定せられたものは差し当たっては表現的自己の自己限定の内容であると考えられるが、行為的自己のノエシス的限定の意義が深くなればなるほど、表現的自己が自己自身を限定することとしてノエマ的に限定できなくなる［六・三一―三二］。つまり、真理のイデヤ、美のイデヤ、善のイデヤ、歴史のイデヤなど、イデヤの見え方は一様ではないと考えられる。しかし、いずれのイデヤについてもそのノエマ的内容を限定する（例えば眼前のバラの花を美しいと見ること）のは、背後に行為的自己をもつ内部知覚的自己（個人の意識的自己）であると考えられる。[4] それ故、私たちはイデヤ的なるものを「内部知覚の事実」と見なすのである。

そして、意識的自己から考えると、私たちが意識の志向面と考えるものは絶対無の自覚に於ては単なる「表現の野」と呼ばれる。絶対無の自覚のノエマ面は絶対に無にして単に映す（作用をまったく及ぼさない）という意味をもつものでなければならないが、それを指して表現の野と言うのである［六・五三］。表現の野に於てあるものは単に物の影のようなものであり、そうであることで単に自己自身を限定するものの内容を表現するのである。これは表現的自己の自己限定の内容となるが、この内容が自己自身の自覚的限定の意義をもったとき、「事実の世界」が成立する。つまり、事実の世界は自覚されるもの、見られるものでなければならないと考えられる。

その意味で見られるものの立場から言うと、表現的自己の自己限定は行為的自己の自己限定よりも広く、これを包む意味をもっている［六・三五］。そこから、見られるものとしては、この「事実の世界」が内部知覚の事実を包むという意義をもつと解される。行為的自己の立場から言うと、私たちは事実と考えるものに於て絶対無の自覚的内容に触れると考えることができる［六・五二］。絶対無の自覚的内容としての事実的なるものに於て、内部知覚の事実と外的世界の事実とが合一する。そこに二種類の事実があるわけではなく、絶対無の自覚に於ては限定する自己は無となる（内部知覚は消える）故に、その合一は「事実が事実自身を限定する」と考えられる。事実が事実自身を限定するのが真の事実であり、その上で、その限定にノエシス的限定の意義とノエマ的限定の意義が存することによって、事実は内的事実と外的事実に分れるのである。

　私たちは通常、外的な客観的事実のみを事実と考えるが、西田の考え方では、外的事実をそのノエシス的限定の方から見るなら、それは直ちに自己なのである。逆に言うと、真の事実は自己そのものなのである。自己と事実の区別はない。そういうことを言い得るのは、その場合の自己が無だからである。自己そのものであるような事実を、西田は「歴史的事実」と呼ぶ［六・五二］。その場合、歴史的事実の対極にあるのは「自然科学的事実」である。歴史的事実とは「事実的なるもの」が絶対無の自覚のノエシス的限定に裏付けられたものであり、自然科学的事実とは「事実的なるもの」が絶対無の自覚のノエマ的限定に裏付けられたものである［六・四六］。この場合の「事実的なるもの」とは、体験され記憶されるものと言い換えてもよかろう。それ故、歴史的事実と言っても、例えば、一八六七年に徳川慶喜が政権を朝廷に返還したというようなことを意味するのではない。

　自然科学的事実についても、西田の考えるそれは自覚的意義を極小にした記憶の内容だと言える。歴史的事実が考えられるとき、広義に於ける行為的自己の立場はいっそう深いところに立っていることになるが、それだけに自己自身の内容を自覚的に見ることができない、つまり歴史のイデヤは内に見ることすらできないということが際立ってくる。

要するに、無の自覚的限定という考え方はそれ自体が社会的、歴史的限定の意義をもっており、歴史的事実を自然科学的事実より根抵的であるとする見方を導く。科学的事実を行為的自己の立場から捉える態度は現代の私たちにとって特に目新しいものではないが、西田の場合、その態度が生死の問題の地平にまで徹底的に貫かれることが特徴的である。

真の客観的知識は、事実が事実自身を限定する絶対無のノエマ的自覚の立場に於て成立すると考えられる。事実の自己限定ということの考え方によって、西田は社会や歴史を考える基盤を手に入れることになる。だが、事実の自己限定はいきなり社会や歴史の考察に関係するわけではない。西田は言う、「事実が事実自身を限定するという時、それは先ず身体的限定と考えられるものでなければならない」〔六・七七〕と。自己自身を限定する事実は身体的に自己自身を限定するというのである。身体の重要性については既に『一般者の自覚的体系』の中で論じられていたが、絶対無の自覚ということが追究される中で身体はより深いところで捉えられるようになる。[5]

無の自己限定の世界に於てあるものはすべて身体的に自己自身を限定するものであり、無の自覚として真の自己と考えられるものは身体的自己であることが、改めて考察の対象となる〔六・二六六〕。ここで光を当てられるのは、現在の自己限定に於て絶対の死の面と絶対の生の面とが相触れるところを身体として捉える視座である〔六・二〇二〕。身体的自己は矛盾を孕んで弁証法的に自己自身を限定するものとして捉えられる。何と何が相矛盾するかということは身体ではいろいろな位相で考えられ、身体のいろいろな位相は世界のいろいろな位相と符合する。

私たちに最も直接的で具体的であるのは、無の限定としての世界、即ちノエマ的方向では表現の世界、ノエシス的方向では行為の世界であり、自然的世界、社会的世界、歴史的世界、道徳の世界、芸術の世界など種々の世界はここから考えられるものである。私たちの身体的限定はこれら種々の世界が考えられる基盤となる［六・二六二—二六三］。つまり、種々の世界は身体に於て対立し、身体に於て結合する。身体は一方で行為の機関という意味をもつと共に、他方で自己自身を表現するものという意味をもっている。身体は非時間的な表現の世界と時間的な実在の世界との接触点として捉え直される。さらに、自己の身体は自己の欲求から考えられねばならない。このことが自己を具体的有とする。弁証法的限定とはその具体的有としてのあり方を示し、弁証法的限定を離れると自己は身体の意義を失い、抽象的有とか一般的自己とかいうものになってしまうであろう。

4　自覚的限定は弁証法的限定である

絶対無の自覚を明らかにするために、西田が持ち込むようになるのが弁証法である。弁証法を持ち込むことで、彼の思索は新しい展開をもつ。もっとも、場所の論理は矛盾によって次の段階へと進んでいくという点で弁証法と近い面があり、まったく別の論理が新たに持ち込まれるというわけではない。

弁証法（ディアレクティケー διαλεκτική）はソクラテス・プラトンにおいて対話の技術、さらには学問的な思考の方法という意味をもつ。しかしアリストテレスは、弁証法的推論は蓋然的知識を与えるに過ぎないものと見なし、論証における推論とは区別する。中世では弁証法は論理学を構成する一部門として重要視されたが、近世になると、先述のように論理学そのものが思考の規則から真理発見の理論へと作り変えられ、弁証法はその意義を変容していく。その変容の到達点がヘーゲルの弁証法である。ヘーゲルは『エンチクロペディー』のなかで、「弁証法的なものは、学問的進行のうちにあってそれを促す魂であり、内在的な連関と必然性を学問的内容へもち込む唯一の原理であるとともに、この弁証法的なもののうちにおいてこそ総じて、有限なものを外的にでなく、ほんとうに越えて高まることができるのである」[6]と述べる。弁証法は現実世界のあらゆる事象の変化・発展の原理であると共に、その変化・発展の学問的認識の方法でもあることになる。ヘーゲルの弁証法は、経験の場を離れた純粋な思惟において事物の本質を把握できるとする彼の観念論哲学を支える要だと言える。

場所の論理と弁証法との親近性は、場所の論理が哲学的探究の方法という面をもつ点にもある。その場合の哲学的探究はヘーゲル的な意味での思惟ではなく、西田の言う行為に近いところのある思索である。場所の論理は、意識の空間において知られるものを発端に、その知られるということを成り立たせるものを探究するという限りない動態である。「於てある」とは思索の前提となっているものを指し示す語である。この探究は、知識が何を前提にしているかということの徹底的な追究であり、それは自己の根柢の果てしない掘り下げになる。前提されていた「於てある」を拓いてゆくのが矛盾である。相矛盾するものが一であるということこそ、場所の論理の動態を成り立たせている。

西田がヘーゲルと違うのは、弁証法を観念論ではなく経験論の立場を徹底させるものとして考えている点である。西田の思惟はあくまで経験をその根抵に向けて追究する思惟であり、ヘーゲル的な純粋思惟ではない。それについて、田邊が西田を批判しながらも、プロティノスはノエマ的傾向、つまり観念的な傾向が強いのに対して西田がノエシス的超越を基調とすることを評価している点は、興味深い。

弁証法的に考えることで、ノエシスとノエマの語はこれまでとは少し異なる位相で用いられるようになる。これまでの思索では、ノエシスとノエマとが対の関係にあることに重心が置かれた。一方がゼロになることはあっても、対関係であることが重要であった。しかし、弁証法の考え方が入ってくると、ノエシスとノエマとが相矛盾するという関係に重心が置かれるようになり、この矛盾が弁証法という語で説明されることになる。そのことが語り方の違いを生むと解される。

絶対無の自覚そのものに於ては、ノエシスとノエマは完全に一でなければならないはずである［六・一四九］。完全に一であるということは、もはやノエシスもノエマもなくなるということである。それに対して、絶対無の自覚に「於てあるもの」についてはノエシスとノエマとがあり、その相反する両方向に無限の限定ということが考えられねばならない。知識の根柢ということで問題になるのは、この両方向である。絶対無の自覚に「於てあるもの」とは、無にして見る自己、限定するものなくして自己自身を限定するもの、などと呼ばれるものである。

西田によれば、無にして見る自己は自己自身に矛盾するものであると共に、自己自身の矛盾を知るものである。たとえば色一般の限定として赤を考えるとき、それはまだ自覚的限定ではない。自覚的限定は一般者の外に出るという意味がなければならないが、そこでは色という限定せられた一般者（特殊と一般の相関関係の中の一般者）の外に出ることがないからである。一般者の外に出るということは、その一般者ではないものへと出るということであり、その一般者に対する否定を含んでいる

〔六・九五―九六〕。つまり、一般者が自己自身を否定することである。このことは矛盾である。意識的自己は自己自身に矛盾するものなのである。自己を否定するということは、有に対する無が考えられていなければ成立しない。しかし、この無は有に対する無であり、否定は肯定に対する否定である。有に対して無が考えられる、肯定に対して否定が考えられるためには、相対する有と無、相対する肯定と否定とを包むものがなければならない。その包むものが絶対の無である。この包むということが矛盾を知るということであり、ここまでいかないと本当の自覚的限定にならない。

そして西田は、無が無自身を限定する意識の過程を弁証法的運動と捉える。ただし、ヘーゲルの弁証法は絶対無の自覚のノエマ的限定を表すものであって、過程的弁証法である、と言う〔六・九九〕。無にして自己自身を限定する自己は、弁証法的に自己自身を限定すると共に、この弁証法的過程を包み、これを限定するものでなければならない。これが西田の弁証法であり、絶対無の自覚のノエシス的限定を表すものであって、矛盾を知るという限定だということになる。

ただし、ヘーゲルの弁証法は不十分であると言うよりも、ヘーゲルは自らの弁証法を正しく理解していない、と西田が考えていると読める箇所もある。西田は自分の弁証法的運動の特徴を、運動が断絶の連続として成立する点に見ている〔六・一〇五〕。即ち、ヘーゲルの弁証法の構造を「アン・ジヒ（an sich 即自）」から「フュール・ジヒ（für sich 対自）」に高まり、さらに「アン・ウント・フュール・ジヒ（an und für sich 即且つ対自）」へと高まるものであるとする。そうすると、そこに存する否定の連続はそのまま対象的な連続を実現する性格のものとなる。それに対して自分の言う弁証法的運動は、前者が死ぬことによって後者が蘇生するという断絶の連続である。このように西田は言う。即自から対自に転ずることは自己が自己を対象化することであり、その限りでは対象的な連続がある。これを西田は過程的限定と考える。しかし、対自からさらに即且つ対自になるということは自己が自己に於て自己を見ること、つまり自覚であり、そこに対象的な連続はない。即自から対自、さらに即且つ対自になる、その全体が自覚的限定であると考えると、自覚的限定には必ず対象的限定が含まれる。対象的に自己自身を見ることのできないものが対象的に自己自身を見ようとするときには、それはどこまでも到達しない無限の過程となる。つまり、自覚的限定は無限の過程であると共に、この無限の過程を超えてこれを内に包むという二重の意味をもつのである。

ヘーゲルの弁証法の評価の揺れは別として、自覚的限定が十全な意味での弁証法的構造を示すものだと西田が考えているのは明らかである。

その上で西田が注目するのは、自覚的限定が無限の過程を内に包むというとき、絶対無の場所のノエシス的限定面とノエマ的限定面という対立する二面が絶対無の自覚に於て「接触する」ということである。即ち、絶対無とは絶対の矛盾の場所であり、絶対に矛盾するものが一である場所なのである。それ故、西田は絶対無の場所に於てあるものを「弁証法的なるもの」と呼ぶ。弁証法的に自己自身を限定するということは、相矛盾するものが相矛盾するままに成立するという意味になる。相矛盾するものは自覚的限定に於て次々と包み込まれていく。広義の行為的一般者或いは広義の表現的一般者、狭義の行為的一般者、表現的一般者などはその限りない動態における諸様相であると言ってよいであろう。このような限定の仕方を、西田は弁証法的限定と呼ぶ。自覚的限定は弁証法的限定なのである。絶対無の自覚という根柢から考えられた自己はすべて弁証法的であると言い得る。自覚的限定はこれまでは自覚の構造だけから摑まえられていたが、ここではその動性にいっそう強く光が当てられることになる。

5 生命の底にある不可思議なるもの

ここで、西田の「合理的」と「非合理的」という誤解されやすい語の使い方について説明しておきたい。西田の「合理的」は場所の論理というときの「論理」と通じており、それを確認しておくことは西田哲学の理解にしばしばつきまとう曖昧さを軽減するはずである。

私たちが何かを意識するとは「知る」ということであり、知るということが成り立っているということは、そこに論理的意義がある（合理的である）ということである。その意味では意識は合理的なものであるが、ノエシスの底に西田は限りなく非合理的なるものを見て取る。非合理的なるものというのは不可思議なるものと言い換えられる。「我の内と考えるものは無限に深いものでなければならぬ、我々の生命の底には不可思議なるものがあるのである、我が外と考えるものは無限に遠いものでなければならぬ、世界の奥には不可思議なるものがあるのである」〔六・五七〕。思うに、西田の思想がヘーゲル的な純粋思惟にならないのは、経験の奥底のこの不可思議性に絶えず還っていくからであろう。この不可思議性の故に、私たちの自覚の場は日々の経験的知識によって無限に更新されることになる。

非合理的なるものが不可思議なるものであることから、非合理的には二つの意味があると解される。

一つは、合理的に対立する意味での非合理的であり、もう一つは、合理的を包む意味での非合理的である。非合理的なるものと合理的なるものとは、意識の底に於て切り結ぶ。その切り結ぶところを、西田は感官と捉える。西田がここで感官に注目するのは、「直覚（直観）」を明らかにしたいからである。直覚とはどういうものかは、感覚から見えてくる。

感官は内的感官と外的感官に分けられる。西田は内的感官については「非合理的なるものが即合理的であり、合理的なるものが即非合理的と考えられる所に、内的感官というものが考えられる」〔六・一二〇〕と言い、外的感官については「非合理的なるものが合理的なるものを包むと考えられる所に、外的感官というものが考えられる」〔六・一二〇〕と言う。そして内的感官と外的感官の違いは、内的空間と外的空間の違いに繋がる。つまり、非合理的なるものと合理的なるものとが「即」という仕方で一である内的空間（意識の空間）は弁証法的世界であり、私たちの内部知覚的自己は内的感官に即して考えられる。ちなみに、「即」とは媒介者のない限定、直接限定を意味する。他方、外的空間は非合理的なるものの世界であり、外的感官に於ては非合理的なるものが合理的なるものを限定することになる〔六・一二五〕。つまり、外が内を限定する。しかし、外が内を限定するということには、それが限定である以上、内が外を限定するということが含まれている。これは、ノエマ的限定がノエシス的限定を前提として成立するのと同じことである。外的感官に於ても、合理的なるものが非合理的なるものを限定するということが含まれているのである。その含まれているところを限定すると、非合理的なるものと合理的なるものとが即で結ばれることになる。この即で結ばれるところに軸足を置くのが内部知覚だということになる。内部知覚によって特定の個人の内的世界が成立する。

内部知覚的自己はその根抵に於ては無にして自己自身を見るものであり、内部知覚的自己のノエシス的限定の底に無限の直覚が考えられる、と西田は言う［六・一二四］。この場合の直覚は知的直観と同じ意味で、対象が自己の内に没入することであり、外が内の中に没することである。体験とはこの直覚が全存在化する事態であり、宗教的体験とはその最も徹底したものであると解される。非合理的なるものが即合理的であり、外が即内であり、物が即自己であるような内部知覚的自己こそ、内に事実を包み、事実的に自己自身を限定する自己である。つまり、事実の世界を生きる自己である。この自己に於て物が即自己であるということは、外的事実即内的事実、内的事実即外的事実であるということになる［六・一二五］。感覚・知覚されるものが内的にも外的にも事実として捉えられるならば、内部知覚的自己というのはもはや意識する自己ではなく、行為する自己として捉えなければならない。意識内容と考えられてきたものは、身体という一つの物体を中軸として限定せられた表現の内容だということになる。

自己が絶対無の自覚を根抵とするということは、自己というものを無限に重なり合う場所の果てしなく豊穣な統一として考えるということに他ならない。非合理的なるもの即合理的なるもの、合理的なるもの即非合理的なるものとは、西田の考える場所的弁証法の言い表し方の一つである。相矛盾するものを即で結び、それを逆から繰り返す言い方は後に定型化してしまう故に、相矛盾するものが双方からきれいにくるまれて一になって完結するように見えるかもしれない。しかし、これは、場所の論理の論理性がそれ自身の破綻を内に組み込んだものであることを示しているように思われる。

6　現在が現在自身を限定する

では、意識の底にある非合理的なるものとは何であるか。西田は、それは「永遠の今」の内容であると言う［六・一三二］。「永遠の今」の内容が直覚的に限定されることで、自己というものが考えられることになる。「永遠」は移り行く時間を超越したあり方を示す概念であり、「永遠の今」はプロティノス以降、神秘主義思想において絶対現在を指し示す重要な概念となった。西田の「時」の考え方はアウグスティヌスの強い影響下にあるが、西田の「永遠の今」にはさらにキェルケゴールの「瞬間」の思想の影響が加わっている。

西田は場所の考えを着想した頃から「時」を考えようとしてきたが、十分に考えることができなかった。「時」は絶対無の自覚から考えることで、ようやく明確に語れるようになったと言えよう。西田によれば、絶対無の自覚的限定は「永遠の今」の自己限定という意義をもつ［六・一三九］。西田はアウグスティヌスに倣って、私たちは現在に於て過去というものを考え、現在に於て未来というものを考えているのであるから、過去は現在の過去、未来は現在の未来、現在は現在の現在である、と言うべきだと考える［六・一三二―一三三］。つまり、私たちの世界は過去から未来に向かって流れるのではなく、過去も現在に向かって流れ、未来も現在に向かって流れる。私たちの世界は現在より出て現在に還る。したがって、現在が時を包むと言うことができる。この現在は、固定したときは既に過去であり、未来は未だ来たらない故に、摑み得ないものである。摑み得ないことに着目されるとき、現在は、キェルケゴールに倣って「瞬間」と呼ばれる。

瞬間は、現在が無限に深く自己自身を限定して行くその動きの尖端である［六・三八二］。現在が時を包むということは、現在が時の無限の行き先を包むということであり、時の行き先は現在にある。しかし、時が無限に進むなら、時の行き先は包むものの外に出てゆかねばならない。そうでなければ、時は時でなくなる。西田はこの相克を説明するには、時の尖端は一瞬一瞬に消え行くと考えなければならないとする。一瞬一瞬に消え行くから、時の進行は引き返すことができないし、現在を摑むということは不可能である。現在は瞬間的であり、瞬間的現在が現在自身を限定することによって過去と未来が考えられ、現在が現在の中に現在を限定する「現在の現在」が永遠の意味をもつと考えられる。「永遠の今」の自己限定は、現在が現在自身を限定することを意味するのである［六・一三八］。

先に、包むものの外に出て包むというのが自覚的限定であることを見た。現在が現在自身を限定するというのが、自覚の場に於ける時のあり方である。永遠の今の自己限定は絶対無の自覚的限定であるから、やはりそこにノエシス的方向とノエマ的方向とが考えられる。今を中心にして今を摑む方向と摑まれた今の方向とへの無限の限定が考えられる。この無限の両端は結びつくことができないと西田は言う［六・一四七］。両端が結びつくと考えられるとき、今は永遠の今のノエマ的限定としての「摑まれた今」となってしまう。「摑まれた今」というのは、時を包むのではなく時を超越してしまった永遠、客観的に考えられたような永遠を意味する。それは今そのものを失った今である。「摑まれた今」は非実在的である。それに対して、永遠の今のノエシス的限定、即ち今が今自身を摑むということは、私たちの「行為」であると考えられる。今そのものが含まれるところの「摑む今」が実在的である。ただし、今そのものが実在するわけではなく、摑むということに於て今が実在的なのである。

　そして、「摑む今」の内容が内的事実、つまり根本的な意味での事実である。赤い花を眼の前にするとき、「摑まれる今」は外に考えられる「これ」という如きものであり、「摑む今」は内に考えられる「私」という如きものである〔六・一四三〕。（実は「摑まれる今」は「これ」以前のものであり、「摑む今」は「私」以前のものであるから、如きものという言い方になる。）「これ」を分節して言表すると「この花は赤い」となり、「私」を分節して言表すると「私が見る」となる。「この花は赤い」だけであると、「摑まれる今」の内容として対象化された外的事実となる。「この花は赤い」と「私が見る」とが表裏となって一つであるのが「摑む今」の内容であり、それが真の意味での事実だということになる。

　この場合の「摑む今」の限定、つまり永遠の今のノエシス的限定は、無数の今、無数の現在を成立させる。西田は、ノエシス的限定に於て現在は分散されて、到る所に現在が成立すると考える。無数の現在の一々が一度的であると共に永遠である。それに対して、客観的に唯一の現在と考えられるものは、「摑まれる今」の限定、つまり永遠の今のノエマ的限定に於て成立する。それは、客観的に唯一の現在というのは単に考えられたものに過ぎないということを意味している。

「摑む今」というのが、真に永遠の意味をもつ「現在の現在」と言われるものである。真に永遠の意味をもつというのは、それが「時を超越したもの」ではなく、「時を包んだもの」だということを指す〔六・一四八〕。「時を包んだもの」であるが故に、「摑む今」は自己に於て自己自身の限定として無数の今を成立せしめるのである。

『働くものから見るものへ』の中で「時を包む一般者」が現在であると言われていたことを思い起こすならば、西田が最初から時を場所的に考えていたことがわかる。『働くものから見るものへ』では変ずるものに於て時を考えるという理解の仕方をとることで、現在を個物として限定することのできない一般者（即ち無の場所）との関係で考えていたが、それは要するに、判断的知識の延長線上での時の理解であった。『無の自覚的限定』では、時を「死することによって生きる」という弁証法的運動として捉えることで、時の動態そのものに踏み込もうとするのである。

7 直線的時を包む現在

だが、「死することによって生きる」という弁証法的運動としての時というのは、私たちの日常生活における時の意識とは大きく異なっている。私たちは日常、時は無限の過去から無限の未来に向かって進み行く無限の流れであって、その方向を絶対に翻すことのできない直線的進行であると考えている。それに対して、現在が現在自身を限定するということは、時はあくまで現在に於てあるということであり、それは直線的進行としての時を否定した時である［六・一八二］。

時を現在が現在自身を限定することとして考えるということは、時を絶対無の自覚的限定として考えるということであるが、そこに自覚の意義があるということをもう一度考えるべきである。つまり、時の限定が絶対無の自覚的限定であるということは、時の限定がそれぞれ自分の時をもった自己の限定という意義をもつということなのである。西田は、自己が時に於てあるのではなく、「時が自己に於てある」という言い方をするが、自己自身の中に時を包む、即ち、自分の時をもつということこそ自由な自己の成立となる。「我々の自己は自己の中に時を包み、各人は各人の時を有つ」〔六・一八七〕。自分の時をもつ自由な自己こそ、摑むことのできない現在の底に考えられる個人的自己として究極の自己のあり方であり、真に無にして自己自身を限定するものだとされる。

絶対無の自覚を考察するとき、いつもノエシス的限定とノエマ的限定という二つの方面で考えられるが、「時」についても同様である。絶対無の自覚のノエマ的限定の方面が、一方向に流れる時間として自己自身を限定するものと見なされる。この限定は、時の直線的進行を示すものとして「直線的限定」と呼ばれる。これは先に、対象の連続を指して「過程的限定」と呼ばれたものと等しく、この仕方で時間的に限定するということは無限なる対象界を限定することでもあり、「対象的限定」と呼ばれることもある。他方、ノエシス的限定の方面は現在が現在自身を限定する限定を指し、「自己の中に無限の弁証法的運動を包む円の如きもの」であることから、「円環的限定」と呼ばれる〔六・一八七〕。対象的限定ないし過程的限定と対比するなら、この限定は「場所的限定」である。そこで限定される現在の現在は、直線的進行としての時を否定するとともに、直線的進行としての時を包むという意義をもつ。そして、一方向に流れる直線的時は現在の現在という時のあり方を否定するものであるから、現在の現在が直線的時を包むということは自らを否定するものを否定して包むということである。自己の中に時を包むということは、このような否定の累乗を果てしなく抱え込むことだと解される。

現在が成立することは意識的自己が具体的に成立することであり、人が成立することである。無数の現在が成立することは無数の円環的限定が成立するということであり、絶対無の自己限定によって絶対無に「於てあるもの」として無数の人が限定され、その無数の人の中に無数の時が包まれて成立するということを示している。永遠の今の自己限定としての時は、どこからでも始まり、瞬間毎に新たに、いつでも無限の過去、無限の未来を現在の一点に引き寄せることができ、またその各々の点に於て無限の過去、無限の未来を消すことができる。この時は生滅の時である。絶対無の自己限定はそのノエシス的限定の意味に於て無数の時を包み、これによって無数の時が成立すると共に、そのノエマ的限定の意味に於てすべての時が滅するのである。ここに、絶対の生の面は絶対の死の面であるという絶対の矛盾がある。

西田は、自己の根柢にあると考えた非合理的なるものをこの絶対の矛盾として理解する。そしてここに、自己を形成する理性と自由意志の根柢を見て取る［六・一九二］。即ち、理性というものに過去を消し過去を包むというあり方を見て、これが時を包むものとしての現在に依拠すると考える。また、未来を始めるという意味をもつ自由意志もまたこの現在に依拠すると考える。

西田は円環的限定と直線的限定をわかりやすく説明するために、比喩を用いる。パスカルが神を「周辺なくして到る所に中心を有つ無限大の球」に喩えたことに依拠して、絶対無の自覚的限定を「周辺なくして到る所が中心となる無限大の円」に喩えるのである[7]［六・一八八］。そこから、絶対無の場所に於てあるものは「或る一つの中心を有った無限大に拡がる円」と考えられ、このような無限大の円が到る所に無数に成立することになる（中心的限定）［六・一九五］。一つの中心を有つということが一つの個的自己の成立と考えられる（この自己は普通私たちが考える個人ではない）。これが絶対無の自覚のノエシス的限定である。それに対して、そのノエマ的限定面はどこまでも中心を否定する「中心のない円」として示される（非中心的限定）［六・二〇〇］。つまり、一方向に流れる客観的時間や無限に拡がる対象界といったものは中心をもたないものであり、客観的時間や対象界に面することで個人的自己は中心を失うことになる。逆に言うと、客観的時間や対象界は個人的自己を包む意義をもつ。「中心を有った円」は「中心のない円」を包むことはできないのであり、非中心的な直線的限定の立場からは自己自身を限定する現在というものはどこまでも否定される［六・二〇四］。そのため、絶対無の自覚のノエマ面は絶対の死の面であると言われるのである。

しかし、「周辺なくして到る所が中心となる無限大の円」のノエシス的限定である中心的限定は、どこまでもそのノエマ的限定である非中心的限定によって消されるというわけではない。西田は、時はどこまでも蘇ると考える。一瞬一瞬に時は滅すると共に蘇るだけでなく、円環的限定はその時を包むという意味を持つ。時を包むということは過去を翻すという意味を含む。そのため、絶対無の自覚のノエシス面は絶対の生の面であると言われる。現在が現在自身を限定することに於て絶対の死の面と絶対の生の面とが接触する。つまり、絶対無の自覚は直線的限定を内に包むと共に、これを越えて自己自身を場所的に限定するのである。直線的限定の無限の過程の尖端がどこまでも自己に於てあるというのが自覚である。そして、円環的限定に於て、無限の直線的限定は包まれると共に消されると考えられる［六・一九四］。この場合のノエシス面がノエマ面より優位にあることの意味は、中心的限定が成立させる行為的自己は過去を翻すことができるというところにある。[8]

事実が事実自身を限定するという考え方によって、西田は歴史を考える一つの基盤を得た。ここで行為的自己の成立が時の問題との連関で明らかにされたことで、行為的自己に即して二つの歴史の考え方が想定され得る。私たちは行為的自己として、歴史に於て自己自身を限定し、歴史によって自己自身が限定せられる。歴史のイデヤは決して見ることのできない究極のイデヤであること、事実は元来歴史的事実であることを私たちは既に見てきたが、これは行為的自己のノエシス的限定の立場で考えられた歴史である。それに対して行為的自己のノエマ的限定の立場で考えられる歴史が、対象界に即して考えられる歴史である〔六・一九二─一九三〕。対象的限定に沿って考えられる客観的時間がこの意味での歴史的時間であり、そこには瞬間というものはない。他方、行為的自己のノエシス的限定は、時を包んだ瞬間の自己限定である。

8　非連続の連続とは何か

直線的限定と円環的限定との関係についてさらに詳しく見ていこう。

『一般者の自覚的体系』で西田は、一般者の限定が一般者の一般者の限定に転換することで、「一般が特殊を含む」ということが「特殊が一般を含む」に逆転すると考えた。そして、「特殊が一般を含む」のが個物であるとした。『無の自覚的限定』ではそこに、個物から個物へ移るということが新たに考えられてくる。西田は時の中で個物を考えるのではなく、個物から時を考えるために、個物から個物への移行として時を考えることになる。個物から時を考えるということは、無の一般者の自己限定という考え方から導出されるものである。西田によれば、この個物から個物への移行が無の自覚の直線的限定であり、過去から未来に流れる連続的な時の限定である。これを西田は、点が点を生むという言い方で示す。

　他方、現在が現在自身を限定するということによって考えられる時は、個物から個物へ移るという仕方で連続的に考えられるのではなく、その一瞬一瞬に於て消えることによって始まるという意味で考えられねばならない、と西田は言う［六・二六四］。この一瞬一瞬が個物であり、その消滅と発生の反復が「非連続の連続」と呼ばれる。点が点を生むという仕方で連続することも非連続の連続のように思われるかもしれないが、これは非連続の連続とは呼ばれない。これは変化と捉えられ、生滅（生成消滅）とは区別される。非連続の連続は、点から点へ飛ぶのであり、それぞれ独立した瞬間と瞬間との間は飛躍としか考えられない。

　西田によれば、直線的限定と円環的限定とは、無の一般者のノエマ的限定とノエシス的限定であると考えられる［六・二八一］。このノエマとノエシスとの関係は離して考えることができない。無のノエシス的限定として非連続の連続と考えられるものが、ノエマ的には点から点への連続的運動と考えられるのである。表面では点から点への連続的運動と見えるものが、その底では永遠の今を離れないと考えられるのである。この今の一点を西田は「無限の足踏」と呼んでいる［六・三二一、三二四］。無限に流れる連続的運動を限定する過程的弁証法と非連続の連続を限定する場所的弁証法とは別々の弁証法ではなく、弁証法の両面である、と西田は言う［六・四〇四］。もっとも、西田は両面という言い方をしているが、場所的限定は過程的限定を包むものであるから、西田の弁証法は重層的であると理解してよいであろう。

そして、無の自己限定の立場からは、これら二つの時のあり方からさらに進んで非時間的な世界というものが考えられる、と西田は言う〔六・二六五〕。無の限定が有の限定を内に包む、即ち直線的な時を内に包むだけでなく、その極限で時が消されるということが考えられる。時は永遠の今の中に包まれ、永遠の今の中に消される。これが「単なる表現的限定の世界」であると言われる。「単なる」というのはこの表現の世界が無自覚の世界だという意味である。一瞬一瞬に飛躍する非連続の連続の世界は、広義に於ける行為の世界だと考えられる。既述のように、行為的自己の自己限定はノエシス的限定としては見られることのできないものであるが、それが知識的限定としてノエマ的に見られる場合には表現的一般者に於て限定せられる。そこから説明すると、行為の立場では非連続の連続としてしか考えられないものが、知識の立場に映されると、永遠の今の一点を離れないように見えるのである。

行為の世界が自由意志の世界であり、自由意志というのは生が死を包むという意義をもつと考えられるとすると、表現の世界は死によって覆われた生の世界である〔六・二〇九〕。時のない世界とは絶対の死の世界であり、私たちが行為的自己の立場から出立して自己自身を限定して行くとき、どうすることもできない対象的世界が立ちはだかるということは、そこに根をもつと考えられる。

これが、西田が到達した時の理解である。

9　私と汝とは非連続の連続の関係にある

さて、ここで確認しておきたいのはこの段階での個物の考え方である。個物は無の一般者に於てあるものであり、現在が個物であるということが基本となって、そこからいろいろなものが個物として考えられていく。現在の動きの尖端である瞬間が個物であり、一度的なる事実も個物であり、私たち一人ひとりの個人的自己も個物である。直線的限定に於ける個物と円環的限定に於ける個物とが違うように、等しく個物と言ってもそこにはレベルの違いが見て取られる。

それらの中で、個物の典型として浮上してくるのは「私」であり、ひいては個人的自己である。そのことは、無の自己限定の立場で考えられる個物が単に一般者の自己限定の延長線上に考えられた個物とは違うということから導出されてくる。一般者の自己限定の極限としての個物は、自己自身を限定する個物ではなく、したがって動く個物ではない。それに対して、無の自己限定に於ける個物は動く個物、即ち「働くもの」である。

「働くもの」は『働くものから見るものへ』で最初から問題になっており、無の場所という考え方を導いた重要な契機となったと言える。しかし、その無の場所は働くものと働かれるものとの完全な一性の成立する場所ではなく、真の無の場所ではないと考えられた。真の無の場所は、もはや働きではない「見る（知る）」ことにおいて探究された。その段階での考察は判断的知識を土台としていたことから、「働くもの」は知的な面からしか捉えられていなかったと言えよう。

「働くもの」の意義が真に捉えられるようになるには、働く主体として自己自身を限定する個人的自己が見えてこなければならない。自覚の根抵が明らかになることで、「働くもの」は唯一なる個物として自己自身を限定すると共に、唯一なる個物としての自己自身を越えるものだと考えられるようになる〔六・三〇八〕。個物としての自己自身を越えるということは、個物が自己自身を限定するだけでなく、それと共に一般的なるものをも限定することである、と西田は考える。つまり、一般的なるものが共に限定されることで、逆に一般的なるものが「当為」として個物を限定すべく、どこまでも追いかけてくることになる。当為というのは自己自身に規範を課するものであるが、その裏面には規範に違反するということが貼り付いてくる。規範に従うものであると共に、規範を破るものであることによって初めて、唯一なる個物として自己自身を越えるものとなるのである〔六・三〇九〕。言い換えれば、規範に従うことも規範を破ることもできる自由意志が成立して初めて真に「働くもの」となる。自由意志のもとで働くということは、創造的に働くということに他ならない。

自由意志には過去からの限定を脱するという意味がある。一方向に流れる時間に於てはどこまでも過去による限定を越えることはできない。永遠の過去をも否定するということは、瞬間が瞬間自身を限定するということの底に於て考えられる。つまり、意志が成立するのは、非連続の連続として時が限定せられることによってである。自由意志は、規範という一般的なるものを否定し、過去を否定し、自分自身によって一切を限定する。西田はそこに「神に背いて自己自身の世界を建設しようとするサタン的傲慢」とも言うべきものを見て取っている〔六・三一〇〕。

この時期の西田にはキリスト教神学の影響が見て取られるが、サタン的傲慢が語られる一方で「愛」が語られる。「無にして自己自身を限定するものを「於てあるもの」として限定する私の所謂無の一般者の場所的限定、即ち無の自覚のノエシス的限定と考えられるものは愛ということができるであろう」〔六・二三三〕。愛は私と汝の関係を成り立たせるものである。

中心をもつ無限大の円を個人的自己と考えると、到る所に限定せられる円と円との関係、つまり個人的自己と他の個人的自己との関係が大きな問題として立ち現れてくる。西田は、この関係は「私と汝」の関係でなければならないと考えるようになる［六・一九八］。「汝」とは、私の外に、私に対して立つものを意味する。自然的世界で単に対象として私に対立するものは私の内にあるものであり、また単に非合理的として私の理性に対立するものは理性によって合理化されるべきものである。それらはいずれも「汝」ではない。だが、私と何ものかの対立において私がなくなるとき、逆に言うと、対象界が自己の中に没すると考えられるとき、すべてが「汝」となる［六・二一〇］。すべてが汝となるということは、すべてが私と汝との対立となるということであり、すべてが場所と場所との対立となるということである。

　私と汝とは対立しながら、非連続の連続の立場で結合している。つまり、私と汝との対立は、対象的統一を絶対に否定した否定的統一の上に成り立つというのである［六・二三六］。西田によれば、対象的限定の立場から見ると人と人との間には争いしかないのに対して、私と汝とはそれぞれ一つの人格として絶対の愛によって限定され、愛によって結合されている。愛はまさしく弁証法的なるものであり、真の愛とは自己自身を否定することによって自己自身を肯定することであるとされる［六・二八八］。行為的自己の自己限定は自愛であり、行為的自己が自己自身を失うと、他愛に入る。他愛は自愛の方向を否定して汝を包むものである。この他愛が極まると絶対の愛となり、絶対の愛に於ては弁証法的運動も消え行くと考えられている［六・二〇五］。ここで絶対の愛として西田が念頭に置いているのは、キリスト教のアガペー（αγάπη）[9] であろう。

西田が愛という語を持ち込んだのは、無が無自身を限定する絶対無のノエシス的限定ということに、無から世界を創造する神の業に近いものを見て取ったからだと推測される[10]。その意味では愛は、生命を言い換えたものだと言えよう。生命はノエマ面を包むノエシス面の無限の動態として直覚され得るものであるが、愛は自己を人格的に成立させるものであると共に人と人との関係を動かすものであり、自己と他者との動態の統一面であると解される。

先に、「摑む今」という言い方で現在が現在自身を限定するということを見てきたが、西田によれば、摑むことのできない現在を摑むものが愛である。そして、愛によって摑まれた現在の自己限定が、一般的自己もしくは社会的自己と考えられるものである。西田は個人的自己を「或る一つの中心を有った無限大に拡がる円」に、社会的自己を「周辺的に限定せられた円」に喩える［六・二〇六］。この譬喩の要点は中心の限定に対する周辺の限定というところにあり、周辺が限定せられるということが私たちに共通の世界と共通の現在の成立を意味すると解される。共通の世界というのは、円の中心を物と考えるときは環境であり、個人と考えるときは社会である。

要約すると、無の自覚のノエマ的限定が現象としての一方向に流れる時であり、ノエマ的限定面に即して考えるならば、社会的自己は歴史に於て自己自身を限定し、歴史によって基礎付けられる。無の自覚のノエシス的限定が「摑む今」を現成させる愛であり、ノエシス的限定面に即して考えるならば、社会的自己は時を越えて歴史を包み、永遠に現在なるものの内容に触れる。この内容がイデヤ的なるものとなる［六・二〇七］。『無の自覚的限定』の後半で個物の典型として個人的自己が論じられるようになると、西田の社会と歴史の捉え方は次第に具体的になってくるのである。

注

1 『田邊元全集』第四巻、筑摩書房、一九六三年、三〇九頁。なお、旧仮名遣い・旧字体は新仮名遣い・新字体に変更している。

2 新プラトン派の哲学者であるプロティノスの発出論というのは、存在するすべてのものを一者（ト・ヘン）からの発出として捉える考え方である。すべてのものの究極原因で絶対に単一なるものとされる一者から直接に発出するのはヌース（理性）であり、そのヌースから発出するのがプシュケー（魂）であり、このプシュケーがさらに下降してこの世界が成立する。一者、ヌース、プシュケーが三つの始原的存在者（drei Hypostasen）であり、因果的に階層をなす。形而上学という語はアリストテレスにおいては、自然を超えたもの、存在するものの根本原理の探究を指すが、プロティノスはすべてのものが一者を希求し、人間は一者への愛によって一者に回帰することができると考えることから、その形而上学はキリスト教と強い親和性をもつ。

3 先に「宗教的自己」［五・一八三―一八四］と言われたものがより適切に「体験的自己」［六・七五］と言い換えられている。

4 西田は、行為的自己の自己限定面と表現的自己の自己限定面との接触面的内容が意味の世界であり、意味の世界は無にして見る自己そのものにその根柢をもつと考えるようになる。意味の世界は行為的自己の自己限定に属するかぎりドクサ的と考えられ、表現的自己の自己限定に属するかぎりイデヤ的と考えられる［六・一二三］。

5 「我々の身体的自己の底は無限に深い、そこにはイデヤ的に自覚することのできないものがある」［六・七八］。

6 G. W. F. Hegel, *Enzyklopädie der philosophischen Wissenschaften im Grundrisse (1830)*, *Gesammelte Werke*, hg. von der Rheinisch-Westfälischen Akademie der Wissenschaften, Bd. 20, F. Meiner, Hamburg, 1992, S. 119.『ヘーゲル全集1　改訳　小論理学』真

下信一・宮本十蔵訳、岩波書店、一九九六年、二二一頁。

7 パスカルは球に喩えたが、西田は「私は今簡単に円と考えて置く」と付記している［六・一八八］。周辺のない無限大の球の喩えは、神を指し示すのにスコラ学で用いられてきたものである。しかし、後に、西田は球の喩えを用いるようになる。

8 なお、円環的限定という考え方が確立されるようになると、絶対無という言い方が次第に減って、単純に無と言うことが多くなる。絶対無というのは真の意味での無のことであり、絶対無と相対無の区別は円環的限定と直線的限定のあり方によって説明されることであるから、わざわざ絶対無と言う必要がなくなるのだと解される。

9 アガペーとは、イエス・キリストの十字架上の死に象徴されるようなひたすら他者を中心とする無償の愛を指す。

10 「神は自己自身に似せて人間を造ったと考えられる如く、絶対愛の自己限定によって之に於てあるものとして自己自身を愛するものが限定せられるのである」と言われる［六・二三六］。西田は時折、「神」という語をあまり適切とは言えない仕方で彼の思想の中に組み込む。

第六章　世界の方から考える——弁証法的世界

1　私と汝は同一の一般者に於てあるか否か

絶対無の自覚を徹底的に考え抜いたところで、新たに根本的な矛盾が立ち現れてくる。西田の叙述には矛盾する箇所が多い。そもそも場所の論理が矛盾を動力とするものであることがその一つの原因であるが、弁証法という考え方を組み入れたことによってさらに矛盾は増幅される。『無の自覚的限定』の第八論文「私と汝」で私と汝の関係を論ずる際に、読者の理解を拒絶するほどまでに問題は大きくなる。

私と汝とが非連続の連続の関係にあるということは時の関係から説明されているが、それだけでは私と汝の関係が十分明らかになったとは言えない。またこの関係は愛による結合として述べられているが、それは十分論理的な説明とは言えない。そこで注目されるのは、私と汝との関係は「絶対に対象的統一を否定した否定的統一」であるという言い方である〔六・二三六〕。相対する私と汝とを統一に於て理解するということは、そこに一般者を考えることである。しかし、西田の著作には、私と汝とは同一の一般者に於てあるという記述と、そのような一般者などないという記述が混在する。

我々は各自の内的世界に於てあり、所謂外界を通じて相働くのではなく、同じ一般者によって限定せられ、同じ一般者に於てあるものとして相関係するのである。色は色と相関係するが色は音と相関係しない、私と汝と互に人格として相働くにも、同一の一般者に於てあるという意味がなければならぬ。［六・三六八―三六九］

……絶対の死即生である絶対否定の弁証法に於ては、一と他との間に何等の媒介するものがあってはならない、自己が自己の中に絶対の他を含んでいなければならぬ、自己が自己の中に絶対の否定を含んでいなければならぬ、何等か他に媒介するものがあって、自己が他となり、他が自己となるのでなく、自己は自己自身の底を通して他となるのである。何とすれば自己自身の存在の底に他があり、他の存在の底に自己があるからである。私と汝とは絶対に他なるものである。私と汝とを包摂する何等の一般者もない。［六・三八〇―三八一］

相反する記述はこの箇所だけではない。私と汝との関係について、この時期の思索には揺れがある。西田自身それを自覚しており、次の著作『哲学の根本問題（行為の世界）』（一九三三年）は私と汝との関係を論理的に基礎づけるという課題のもとに書かれることになる。しかし、この著作でも繰り返しが多く、西田の思索はなかなか進まない。私と汝とを包む一般者があるか否かが、非常な難問であったことは明らかである。

この問題に苦闘するなかで、西田は「弁証法的世界」を考えるようになる。そこでこれまでより具体的に私と現実の世界との関係を考えるようになるのである。

2　私と汝との弁証法的限定

西田にとってこの二つの引用はどちらも正しい。

まず西田は、私と汝とは同じ一般者によって限定せられ、同じ一般者に「於てあるもの」として関係し合うと考える〔六・三六八―三六九〕。第一の引用はそれを説明する一段である。例えば、赤と青とは「色」という同一の一般者に於てあるものであるが、赤と音とは同一の一般者に於てあるものではない。だが、一般者を「自然界の現象」とするならば、紅葉の赤と川のせせらぎの音は同じ一般者に於てあると言い得る。しかし、一般者を別の種類の一般者やより大きな一般者に変更することで、同じ一般者によって限定されると考え得るのは「物」の場合である。「汝」は「物」ではない。「物」でない「汝」は、絶対に私から独立するものであり、絶対の「他」と考えられるものである。私と絶対の他とが同じ一般者に於てあるとするなら、その一般者は絶対無の場所としてしか考えられない。時的に言うならば、それは永遠の今である。永遠の今の自己限定を一般者の自己限定と考えると、私と汝とは同じ一般者に於てあると言うことができる〔六・三六八〕。

では、絶対無の場所という一般者に於てあることは、どういう仕方で私と汝とを関係せしめるのであるか。西田は、私と汝との関係は、自己の中に絶対の他を見、絶対の他の中に自己を見るということだと言う。自己が自己の中に絶対の否定を含んでおり、絶対の他を見ることが私をして私たらしめる。死即生とはまさにこのことを意味する。私と汝との間に媒介する何ものかがあるのではない。私と汝との間にあるのは相互の絶対の否定である。これを西田は、私と汝とは絶対の否定によって媒介せられてあるという言い方で示す［六・三七二―三八一］。

これが絶対無の場所という一般者に於ける私と汝の関係であるなら、これは、これまで見てきた一般者とそこに於てあるものとの関係とは異なる。一般者はそこに於てあるものを越えて包むものであった。しかし、絶対否定による媒介ということであるなら、私と汝とは「同じ一般者に於てあるもの」だというときの一般者は、私と汝とを包摂するものではない。ここに、「私と汝とを包摂する何等の一般者もない」という第二の引用の言い方が出てくる。つまり、私と汝とは同じ一般者に於てあるものであるが、一般者とそこに於てあるものとの関係の仕方が包摂ではないということである。絶対否定によって媒介されるということは、逆接的な媒介だということを意味する。これを西田は、私と汝とは共に弁証法的限定によって限定せられたものであると言う。

では、絶対否定による媒介とはどのようなことなのか。西田は、私は汝を認めることによって私であり、汝は私を認めることによって汝であるという言い方をする［六・三八一］。また、私の底に汝があり、汝の底に私があると言う。つまり、私の底で私は否定され、汝の底で汝が否定される。私は私の底を通じて汝へ、汝は汝の底を通じて私へ結合する。自己自身の底深く秘められた自己否定によって、絶対に他なるものへと飛躍する。この一般者は包摂するということそのものの否定としてあると言えよう。これが絶対無の場所という一般者のあり方である。つまりそれは、一般者を単に越えて包む高次の一般者ではなく、一般者を自己否定するような一般者である。一般者の意味が違うため、一般者とそこに於てあるものとの関係も異なってくる。また、於てあるもの相互の関係も異なってくる。私と汝とはその意味での於てあるもの相互の関係であり、このような逆接的な結合の仕方は、先述の瞬間から瞬間への飛躍と同じものである。無限の過去から無限の未来にわたる時の流れと考えられるものは、瞬間そのものの中に蔵された無限なる自己否定の過程であると考えられる。西田によれば、瞬間が瞬間を限定する瞬間的限定の底に深く入っていくと、ただ一度的である絶対時に突き当たる〔六・三八二〕。瞬間的限定の尖端に於て唯一度的なるものに接するのである。瞬間はその底に於て自己自身を否定することによって無媒介的に他の瞬間へと飛躍する。

　絶対無という一般者に於て私と汝とが弁証法的に限定するということは以上のように説明し得るが、私と汝の関係について論じておかなければならない重要な点がある。それは、個人的自己の中に私と汝との関係を見るという点である。これまで私と汝の関係を個人的自己と他の個人的自己との関係として考えてきたが、西田の私と汝との関係はもっと多様なものとして考えられている。

　普通我々は昨日の私と今日の私とは直接に結合すると考えて、個人的自己を直線的時間の中で持続的に有るものと見なす。それに対して、他人と私とは直接に結合することができないため、互いに理解するには言語や態度や制作物などの表現を通さなければならないと考える。そこに、内界と外界の区別も位置づけられる。各人の意識は内界で、相互理解はすべての人に共通の外界に於て可能だというわけである。しかし、西田はこのような考え方の根拠を見ようとする。

西田の考えでは、一々の瞬間は独立したものであり、瞬間と瞬間は飛躍によって結合するわけであるから、持続的有と見えるものもその底に於ては非連続の連続として考えざるを得ない。永遠の今の自己限定としての一つの瞬間が私であり、その私にとっては他の瞬間が汝なのである。そこで、「今日の私は昨日の私を汝と見ることによって、昨日の私は今日の私を汝と見ることによって、私の個人的自己の自覚というものが成立する」のである〔六・四一五〕。個人的自己の自覚とは、自己自身の中に汝を見て行く無限の過程であり、その一歩一歩が絶対の他に接すると考えられねばならない。

奇妙な考えのように聞こえるが、到る所が中心となる無限大の円の限定として円の中心が成立するということは一つの独立した事柄であるから、現在の私に対して一瞬前の私も一瞬後の私もそれぞれ独立しているのである。そして独立しているということに関しては、現在の私に対して他の人間のあり方も昨日の私のあり方と同様だというのが、西田の考えである。私と汝の関係は無数に、膨大に広がることになる。非連続の連続という考え方を徹底的に貫こうとすると、自己の自覚はこのように考えざるを得ない。

3 一般が個物を限定し、個物が一般を限定する

さて、私と汝の関係を考えることによって変わってくるのは、一般者の意味だけではない。西田はこれまで絶対無の自覚のノエマ面である事実自身の自己限定としての「表現」を中心に論じてきたが、そのノエシス面である生命自身の自己限定としての「体験」の方面に重心を置くようになる。

前章で論じた個物にさまざまなものがあるということは、今日の私は昨日の私を汝と見るということと同じ問題である。西田は、個人的自己としてこの現実の中に働くものを「人格的自己」と考える〔七・九〕。ここで問題になるのは、この世界に生まれ、行動によって自己自身を実現して行く実践的主体としての私たちである。物体であれ、人間であれ、組織体であれ、このような私たちの行動に抵抗するもの、私たちと戦うものであるだけでなく、私たちを限定する意味をもったものが「実在」である。私たちの行動に抵抗するものは同じ一般者に包まれるが、それらが私たちを限定するとは私たちの底に於て私たちを否定するという仕方で私たちを限定するということである。私たちを否定し限定するものが「真の実在」である。真の実在の世界が、私たちの人格的行動を包み、私たちがそれに於て人格的に行動する世界であり、またそこに於て自己の中に矛盾を孕みつつ「人格的統一」をもつものが「真の個物」であるとされる。

人格的統一に関する西田の叙述は微妙である。先に、個物の典型は個人的自己であると述べたが（第五章9）、西田は人格的統一を個人的自己の内面的統一に限定して考えていないように思われる。私が他人から道徳的示唆を受けて内面的に動かされることは可能であり、逆に他人が私によって動かされることもあり得ることから、私と他人との間に人格的統一が成立することも考えられる。個人的自己の内面的統一を凌駕する人格的統一が個人的自己同士の間にも自由な仕方で成立し得るというのが、西田の考えであろう[1]。

統一成立の自由さは、私と汝との関係をさらに物に対しても認めるという仕方で現れている。「物」が真に問題となるのは行為の世界が問題となるときであり、「具体的世界に於ては、物と物との間に私と汝という関係がなければならない。……我々の自己が絶対の否定即肯定面に於てあるものとして、絶対否定を隔てて相見る時、私に対するものは、山も、川も、木も、石も、すべて汝の意味を有つのである」［七・五九］と言われる。私と汝の関係が成り立つのは、対峙する相手が人か物かによるのではなく、絶対否定を介して向かい合っているか否かによるからである。

だが、山や石は統一成立と言えても、それは人格的統一ではない、という反論が直ちに出てくるであろう。西田の「人格」の指し示すものは、語源となるキリスト教神学のペルソナ（persona）の意味とも、カント哲学における目的自体としての意味とも異なっている。西田において、人格的な尊厳をもつのは生命であると解される。そのために「物」の典型はまず自然物となるのであろうが、後に見るように「作られたものから作るものへ」という考え方になると、工作物も創造的生命の現れとして汝の意味をもつと解される。しかし、人格的自己を直線的時に於ける持続的で堅固な個として成立させないこの考え方は、同時に、揺るぎない責任の主体を成立させることが難しいという弱点をもつと言うべきであろう。

人格的統一が個物を個物たらしめるとはどういうことか。それは、人格的統一があって初めて、自己が自己を限定するということが成り立つからである。自己が自己自身を限定するということは行為において自覚的だということである。具体的な個物の個物性は、それが自己自身を限定するものだということころにある。自己自身を限定する個物の世界では、限定に関して個物から出立すると考えなければならない。つまり、特殊ということを考えるとき、これまでとは逆に一般者の特殊化ではなく、個物的なるものの一般化という仕方で考えなければならない。それは、個物が一般者を限定する意味をもつということである［七・一二二］。

西田の考えでは、個物が個物自身を決定するものであるということから、個物が自己自身を一般化するということ、即ち個物が一般を限定するということが、直ちに導き出される。個物が個物自身を限定するということは、個物が多様なものであるにしても、独立自由な個人的自己が自らの意思で行動して自らのあり方を決定してゆく、というイメージで理解してよいであろう。そして、個物が一般を限定するということは、個人的自己が自らの意思で行動することによって社会的世界を変容し、そういう仕方で個人的自己は社会的世界の自己変容の契機となる、というイメージとなろう。これを論理的に述べると、「個物が個物自身を限定することによって一般者を限定すると考えられるとき、その個物は既に一般者の意義をもっていなければならない、所謂具体的一般者と考えられるものでなければならない」［七・一〇七］となる。具体的一般者とは実在を意味するが、その具体的一般者が個物の自己限定ということから捉え直されるのである。

個人的自己が独立自由であるということは、この自己の人格的統一が永遠の今の自己限定としての各瞬間に成立するということに依る。西田によれば、この自己はこの瞬間に於て、過去からの限定をも未来からの要求をも否定し、未来を限定すると共に過去の意義を変える、という意義をもつ。問題は、各々の点がこのように独立であって自己自身を限定する個物的意義をもつと考えるとき、一つの点だけでは統一が成立しないということである。独立ということは他に対して独立であって、一点だけでは個物ではない。そこから、個物は個物に対することで個物であるということが出てくる。個物が個物に対するとき、そこには互いに交流するものがあり、「個物が個物に移る」という言い方ができる。そこに初めて統一が成立し、この統一において個物が個物として真に成立する。そして、この「移る」は「点から点が生れる」のではなく、「点から点へ飛ぶ」〔七・二八〕という非連続の移行である。この移行の仕方が「死することによって生まれる」と言い表され、非連続の連続と見なされるものである〔七・二三二〕。ここには連続性が含まれるが、それは否定を介した連続性である。このような移行をする個物が「動く個物」として考えられる。「動く個物」こそ、具体的に有るものであり、真に「働くもの」である。

この動く個物において、個物性と一般性とは重なり合う。個物が自己自身を一般化するなら、一般化された個物は一般者であると言うことができる。逆に言うと、一般者という意味をもたなければ真の個物ではなく、真の一般者はそういう仕方でしか成立しない。そこで、個物が個物自身を限定するということは「一般が個物を限定し、個物が一般を限定する」という言い方で示すことができる。この一般と個物との相互限定は否定を媒介とすることで成立するという点が重要であり、それ故にこの相互限定は弁証法的限定と呼ばれるのである〔七・三六〕。

4　個物と個物との相互限定

一般と個物との相互限定と同様に、個物と個物との相互限定もまた、否定を媒介とする弁証法的限定である。具体的個物については、「個物と個物とが相互に限定する」ということと「一般が個物を限定し、個物が一般を限定する」ということは同じ内実をもつ。相互限定するものが個物であるとき、二つの個物がそこに於てある一般者は、その於てあるという意義を自己否定し、自己否定することで逆説的に於てあるということの意義を全うすると考えられる。

　自己否定は、二つの個物がそこに於てある一般者にのみ含まれるわけではない。そもそも個物Aが個物Bを限定するということはAがBを否定することであり、BがAを限定するということはBがAを否定することである。しかも西田によれば、AとBとは両者がそこに於てある一般者の自己限定としてそのように考えられるのであり、この一般者は自己自身の中に否定を含む一般者なのである[七・五三]。

　そして、この自己否定の面が強く表に現れるとき、相限定する個物と個物とがそこに於てある一般者は無いと言わざるを得なくなると解される。自己否定の面が強く現れるときとは、個物が絶対に独立なるもの、絶対に相反するものとして現れるときである。私は汝に対することによって私であり、汝は私に対することによって汝であるという関係は、私と汝とが絶対の否定を通じて相限定することを指し示す。西田の言い方では、絶対の否定を通じて相限定するとは、絶対の否定即肯定というように否定と肯定が即で結ばれることである。個物と個物とがそこに於てある一般者が有るということは個物と個物とが統一されているということであり、一般者が無いということは個物と個物とがまったく相容れないということである。その両方が言われなければならないのは、私と汝とが相対立し相限定するのは有即無の絶対面に於てのことだからである。絶対の否定面即肯定面に於て、個物と個物とが相限定せられるのである。そして、絶対の否定面即肯定面ということは、繋辞としての「…である」とその否定としての「…でない」とが即で結ばれるということである。「個物は一般者である」

ということと「個物は一般者でない」ということとが直接に一つになっているのである。

ここで、「馬が走る」という判断は「走る」と「馬」という二つの独立した表象を結合することではなく、まるごと一つの「走る馬」という表象を分析することであるという『善の研究』の考え方を思い起こすと、理解の一助になるかもしれない〔一・一八〕。つまり、「個物は一般者である」や「個物は一般者でない」という判断が出てくるもとは一つであって、そのもとが分節してそれらの判断が出てくる。それだけであると、そのもとは無分節ののっぺらぼーとなるが、そのもとを西田は分節する（限定する）働きそのもののもととして捉えるのである。それを絶対の否定面即肯定面という語で指し示そうとしていると解される。この限定する働きのもとが自己自身を限定すると考えると、「繋辞的一般者」という言い方が出てくる〔七・二七〕。そして、この限定する働きそのものについては、分離と統一という相反する働きが即で結ばれると解することができる。このことは、「AはAである」という同一判断における「…である」のなかに、それ自身を異化した上でそれ自身と異化したものとを統一する、という思惟の動きを認めたことを思い起こすならば、容易に理解できるであろう。

分離即統一の「即」、有即無の「即」、絶対の否定面即肯定面の「即」の意味は、「自己同一なるもの」の考察を通して追究される。主語と述語とが繋辞的に限定されるということが成り立つには、その根柢に自己同一なるものがなければならない、と西田は考える。これまでの論考を振り返ると、論理的自己同一とは、判断に於ける主語と述語とが同一であるということである。この自己同一性について、それを主語的方向に求める考え方と、述語的方向に求める考え方とがある。前者は、無限の述語的限定のすべてが主語的なるものに属するとする考え方であり、後者は、主語的なるものはすべて述語的なるものの自己限定であるとする考え方である。これは、以前に西田が主語的論理と述語的論理として区別したものに相当する。西田は主語的論理を退けて述語的論理を採用したわけであるが、ここでは自己同一そのものに照準を合わせることで、主語的論理の立場も述語的論理の立場も共に退ける。「真の自己同一というのは、述語が主語に統一せられることでもなく、主語が述語に包みきれることでもない。真の自己同一とは相反するものの統一ということでなければならない」[2]〔七・四五〕。

なぜ主語的方向の統一でも述語的方向の統一でもだめなのか。それは、個物と個物の場合には、主語、述語のいずれであっても繋辞で繋ぐものの一方にまとめるという仕方では、絶対の否定を媒介した統一にはならないからであろう。そこで、繋辞の限定の働きそのものに統一を見て取ることになる。繋辞の限定の働きという動くものに対して、動かないものを求めるならば、それは一々の現在である。円環的限定の中心である。この一々の現在が、主語面即述語面として自己自身を限定するものであり、自己同一なるものである。ここで言う自己同一なるものは、結局、絶対無の自覚の自己限定としての一々の現在を体験というところから論理的に捉え直そうとしたものに他ならない。

5　現実の世界は弁証法的世界である

真に自己同一なるものの執拗な追究の背景には、私たちの生きるこの現実の世界を核心のところで摑み取ろうとする西田の意欲がある。彼は言う。

真に自己自身に同一なるものというものは、個物と個物とが相限定すると考えられる此の現実の世界を中心として、無限に広がる無限の現在というものでなければならない、現在を中心として過去未来を包む永遠の今という如きものでなければならない。逆に云えば、かかる絶対の自己同一面の自己限定として個物と個物とが相限定する此の現実の世界というものが考えられるのである、具体的なる我々の人格的行動の世界というものが考えられるのである。真に自己同一なるものは単なる一者として自己自身を限定するのでもなく、又単なる作用的過程として自己自身を限定するのでもなく、世界として自己自身を限定するものでなければならない。［七・五七—五八］

この引用で注目したいのは「世界」という語である。私と汝という問題を発端にして、西田が考察しなければならなくなったのは、無限の現在に於てあるこの現実の世界であり、私たちの人格的行動の世界である。

個物が単なる特殊と根本的に異なるのは、個物がそれぞれ自分の世界をもつという点である。「各人は各人の世界を有つのである」［七・五四］から、個物と個物とが出会い相互に働きあうということは、それぞれの世界と世界とが出会い、働き合うことになる。それならば、個物と個物との相互限定は世界と世界との相互限定でもあることになる。他方、世界はまた個物と個物との相互限定の否定を介した場所という意味をもつと考えざるを得ない。この意味での世界が真に自己同一なるものである。このあたりの西田の議論は錯綜しているが、思うに、自己同一なるものとしての世界という観念こそ具体的体験から出てきたものであって、それ以外では導出され得ないものであろう。

しかし、それを追究した『哲学の根本問題（行為の世界）』第二論文「私と世界」では、世界は真に明らかにされるに至らなかった。世界が真に明らかにされるようになるのは、次の著作『哲学の根本問題続編（弁証法的世界）』（一九三四年）においてである。その序には「前書の「私と世界」に於ては尚自己から世界を見るという立場が主となっていたと思う。従って客観的限定というものを明にするのが不十分であった」［七・二〇三］とある。自己から世界を見るとはどういうことか。確かにその論文でも個物と個物との相互限定から世界の成立を考えていたが、その個物がまだ自覚的自己の立場から捉えられていて、真に行為的自己として考えられていなかったということだと思われる。自己からという方向では、真に現実の世界には行き着かない。世界の方から個物を考えるという視点の転換が必要である。この場合の世界は、カントの超越論的理念としての世界というような抽象的論理から考えられた世界ではない。しかし、視点の転換であるから、これまで論じてきたことと別の事柄を扱うわけではない。

では、現実の世界とはどういうものであるか。「現実の世界とは単に我々に対して立つのみならず、我々が之に於て生れ之に於て働き之に於て死にゆく世界でなければならない」［七・二一七］。そこに於て生まれ働き死にゆく世界とは、自覚の場を世界の方から考えたものであり、これが勝義の現実の世界である。この「世界」には、ハイデッガーが「世界－内－存在」というときの「世界」と通ずるものがある。ただし、西田が次に提示する「かかる世界の論理的構造は如何なるものであろうか」という問いは、ハイデッガーとは別の方向へ導く。

世界の論理的構造追究の意図は、西田が、現実の世界は特殊者と特殊者との対立の世界である、と言うとき、明瞭に表れる［七・二〇五］。ここで「特殊者」と言われるのは、「一般的なると共に個物的、個物的なると共に一般的にして、自己自身の中に矛盾を含み、何処までも弁証法的に動いて行く」もののことである［七・二〇五］。つまり、この特殊者はこれまで個物と呼ばれていたものと重なる。特殊という語はこれまでもっぱら、一般の限定されたもの、類に対する種として、判断を構成するものという意味で用いられていた。個物は常にこの意味での特殊を越える仕方で考えられてきた。しかし、ここで言う特殊者は自己自身を限定するものであり、何処までも他と対立するものである。個物ではなく特殊者という語が用いられるのは、田邊の影響もあろうが、現実の世界に「於てあるもの」だということを前面に打ち出そうとしたからであろう。つまり、本章1で、私と汝とが同じ一般者に於て、あると書かれた引用文と、私と汝とを包摂する一般者はないと書かれた引用文とを示したが（一七六頁）、前者の私と汝は特殊者であり、後者の私と汝は個物であると言うことができよう。

「於てあるもの」が見えてくるとき、世界は一般者として捉えられる。その一方で、現実の世界が個物と個物との相互限定の世界であることは変わらない。そこで、世界という一般者の自己限定と個物と個物との相互限定とを弁証法という語で結びつけて、世界を「弁証法的一般者」と呼ぶことになる。世界であるということを保持して、「弁証法的世界」という言い方もされる。現実の世界が現実の世界自身を限定するということは弁証法的一般者の自己限定であるというのが、西田の考えである。この一般者は絶対否定を介して個物を外延とするという、通常の意味での一般者にはあり得ない意義をもっている。弁証法的一般者の自己限定は、個物的限定即一般的限定、一般的限定即個物的限定と定式化される（世界から考えられるようになってからは、基本的に、個物の語は特殊者と重なる意味で用いられると解される)。

　現代の思想状況から見ると、私と汝との関係を問い尋ね、私たちがそこに於て生れそこに於て働きそこに於て死にゆく世界を明らかにするには、論理的追究というやり方は不適切ではないか、という疑問がわくかもしれない。しかし、「主観と客観とを包む真の現実の世界を論ずるには、私は論理から出立せねばならないと思うのである」〔七・二二八〕という西田の信念は揺るがない。彼は彼の時代の哲学の潮流のなかに、主観主義と客観主義との対立を見て取っており、その対立の根は彼の中の東西文化の対立という問題と繋がっていると思われる。

6　弁証法的限定に於ける媒介者M

　ところで、弁証法的一般者という考え方を成り立たせている絶対否定による媒介について、絶対否定に関しては考察したが、媒介に関してもはっきりさせねばならない。

　媒介の語は、第二章以降さまざまな形で現れてきた。本章1の引用箇所には「絶対の死即生である絶対否定の弁証法に於ては、一と他との間に何等の媒介するものがあってはならない」とあった。この「媒介するもの」は一般者と別ではない。『一般者の自覚的体系』では、抽象的一般は内に媒介者を含まないのに対して、具体的一般は内に媒介者を含むと考えられていた（本書第三章4）。一般者と媒介者とを区別することで、場所的構造は「於てあるもの」と「於てある場所」と「媒介者」の三者関係で考えられるようになる。そこから、「於てある場所」と「於てあるもの」との関係だけでなく、

「於てあるもの」と「於てあるもの」との関係が考えられるようになった。[3] 個物と個物との関係、さらに弁証法的一般者との関係を考えるために、この三者構造が重要になる。これまで具体的一般者として考えてきたものは真に具体的ではなかったのであり、弁証法的一般者こそ真に具体的なるものだということになる。

西田は弁証法的限定における個物と一般者と媒介者との関係を次のような式で表している［七・三〇六］。

$$\frac{e_1, e_2, e_3, \cdots\cdots}{A} \quad M$$

この式のAは一般者であり、e_nは個物、それも特殊者の意味を含んだ個物を表している。[4] 一般者Aと個物e_nとは絶対に相矛盾する関係にあり、単純に「於てある場所」と「於てあるもの」との関係にはならない。もし個物e_nという「於てあるもの」相互の関係を成り立たせるのが「於てある場所」であるなら、「於てあるもの」は互いに独立的であるとは言えないからである。個物と個物は独立的でありながら相互に関係するから、一般者Aがその関係を成立させているわけではない。そこで西田は、個物と個物とが関係するには、一般者Aとは別に、媒介者Mというものが考えられなければならないとする。

そこで改めて、媒介者Mはどのようなものかが問題となる。ここで考えられる媒介を探して、西田はまず物理現象における媒介から考えていく。物理現象とは物と物との関係であるが、それは空間によって媒介される。その場合、媒介されるものは媒介するものの様相になってしまい、個物であることを維持できない。次に、意識現象において個々の意識相互が内的に自己自身を限定するという関係を扱って、この内的統一のようなものを媒介者と見做しうるか、考察する。その場合、意識が実在であることを維持しつつ、個物であることを維持することはできない。そこから、個物と個物との媒介者Mは外的統一としても内的統一としても考えることができないと共に外的統一でもあり内的統一でもある、という結論を引き出す。主客対立の立場に立つかぎり私たちは内的統一と外的統一とがどこまでも対立すると考えるが、内的統一は私たちが個物として自己自身を限定すると考える自己肯定の方向であり、外的統一は私たちが個物として自己自身を限定できないと考える自己否定の方向である。結局、媒介者Mは外的統一と内的統一を両面とした究極の統一者であると考えられるが、それは決して単純な統一ではあり得ない。

個物が一般者から限定されるということは媒介者Mが個物の独立自由を絶対否定する面であり、個物が一般者を限定するということは媒介者Mが個物の独立自由を絶対肯定する面である。個物が絶対に独立であり決して他の個物によって限定されないということがこの媒介の非連続面であり、多数の個物の相互限定が弁証法的一般者の自己限定として内的な統一をもつということがこの媒介の連続面である。絶対肯定と絶対否定、悲連続と連続、究極まで押し詰められた対立が媒介ということに集約していく。

西田は究極の一般者を考えるときに「一般者の一般者」という語をときおり用いるが、思索の途上性を反映して、この語は術語として熟していない。「一般者の一般者」という語で西田が本来意図したのは、越えて包むという一般者のあり方を自己否定するような一般者ではないかと思われる。それが弁証法的一般者であるが、これをなお一般者という語で示そうとするのにはかなり無理がある。西田の言葉遣いにはこのように無理に無理を重ねるところがある。西田は、個物と個物とを徹底的に対立させることと両者を徹底的に統一することという逆説的な事態に媒介の役割を見ている。「一般者の一般者」の語で指し示そうとしたことには、「媒介者」という語がより適切と思われる。

7 「周辺なくして到る所が中心となる無限大の球」

それでは、弁証法的一般者の自己限定、即ち媒介者Mの自己限定として考えられる世界というのは、いったいどのような世界なのであろうか。

この世界は非連続の連続と言われるが、『無の自覚的限定』では非連続の連続とは、現在が現在自身を限定することによって考えられる時が、発生と消滅の反復という形をとることを指していた。現在が現在自身を限定するということは絶対無の場所の円環的限定として考えられ、円環的限定は時の直線的限定を包むものであると考えられていた。その場合、円環的限定が直線的限定を包むということはあくまで自覚の事柄として考えられていた。

『哲学の根本問題続編（弁証法的世界）』では、個物が個物自身を限定するということ（個物的限定）は、人間が子を生み死んでゆくという、一方向に個体の生と死が繋がっていく時間的事象をイメージすればよかろう。そのかぎりでは、個物的限定は無限の直線的限定を意味する［七・三二〇―三二一］。しかし、この個物的限定はまた瞬間から瞬間に移るという真の意識統一でなければならない。真に瞬間から瞬間に移るためには、個物的限定は円環的限定の意義をもたねばならない。個物的限定の意味が具体的になればなるほど、直線的限定は円環的限定に包まれるものと考えねばならない。このような真の生命としての個物を、西田は直線的でもなく円環的でもなく、「弧線的」と言い表している［七・二八四］。重要なのは、個物の弧線的限定が自覚の事柄ではなく、現実の世界に於ける行為の事柄として捉えられている点である。現実の世界に於ける行為の事柄は有機的統一をもつと考えられる。有機的統一においては、各部分が独立であると共に一つの全体を構成するのであるが、全体が全体としての意義をもつことで初めて部分は部分たり得る。私たちの行動は自己を中心として考えられるというよりも、世界を中心として考えられるものでなければならない。世界に於ける行為の事柄においては、個物的限定は一般的限定を弁証法的に貼りつかせることで初めて個物的限定であると考えられるのである。

弁証法的一般者は個物を外延とするという意味で個物を包むと考えられるが、そのかぎり、一般的限定は無限の円環的限定を意味する。それを示すのに、西田は「円の中に円を描く」という比喩を用いている。この円環的限定は絶対の無である世界空間を表すと解され、それが直線的時間を生きる個物を包むのであるから、この円環的限定はまた直線的限定の意義をもたなければならない。次々と

「円の中に円を描く」というのが世界の進展のイメージである〔八・二〇八〕。先に西田は絶対無の自覚的限定を「周辺なくして到る所が中心となる無限大の円」に喩えて、それが一つの中心をもつことが個物の成立であると理解した。つまり、この比喩で重要なのは「到る所が中心となる」ということであった。弁証法的一般者の自己限定は、「周辺なくして到る所が中心となる無限大の球」に喩えるのが適切である。これが世界の限定であることを考えると、この比喩で注目すべきであるのは「周辺なき」ということであろう。球の周辺がないということで直ちに受け取られるのは、円環的限定が直線的限定を包むことの果てしなさである。一つの中心が決まることは円の周辺を決めることになるにしても、それは球の周辺にはならない。無数の中心が決まり無数の円の周辺が決まっても、無数の円の周辺が球の周辺を形作るわけではない。球の周辺は確定されない。円の周辺を個人的自己の実在的な世界であるとするなら、球の周辺は、それを確定してしまうと仮象となるような理念的世界に相当するかもしれない。

　媒介者Mが個物と個物とを媒介するということは、Mが個物に対し絶対の否定であると共に絶対の肯定であることを意味するが、それはMの自己限定が個物的限定の方面と一般的限定の方面という相反する二方面をもつことによる〔七・二五七〕。西田の考えでは、個物的限定の方面は直線的限定の方面（時間的方面）となり、一般的限定は円環的限定の方面（空間的方面）となるから、現実の世界は時間的方面に無限の個物的限定の世界をもつと共に空間的方面に無限の一般的限定の世界をもつということになる。現実の世界はこの両方面の無限の世界をいわば縁暈としてもちつつ、無限に自己同一的に自己自身を限定するということになる〔七・三六二〕。この縁暈が球の「周辺」に相当すると解される。したがって、それまでの考え方をいわば二次元図形とすると、弁証法的一般者という考え方は三次元、ないしそれ以上で考えなければならないような次元の拡張があると言える。

個物的限定の方面は、さらに具体的に言うと、現実の世界が世代から世代へと過程弁証法的に自己自身を限定していく運動を指す。この運動は世界の「形成作用」として捉えられ、一つひとつの現在において球の周辺を形作る働きであると解される。これが現実の世界が自己自身を肯定する面であるなら［七・二〇八］、一般的限定の方面は現実の世界が自己自身を否定する面であり、時を越えた世界、時を否定した世界を指す。西田は無限大の球について「無限の周辺」「到る所が周辺」「周辺がない」などいろいろな言い方をしており、それらはそれぞれ力点の置き方が違うが、いずれも時を越えた世界を指していると解される。現実の世界が自己自身を限定することの肯定面は、無限に可能的な世界を退けて、或る一つの時間的世界を特定するということであって、それが無限になされるのである。その否定面というのは退けられた膨大な可能的世界を指すが、一つの時間的世界の特定が無限の可能的世界を前提としているということに着目するならば、否定面はそういうことが生起する可能性そのものを指すと解される。

「周辺なくして到る所が中心となる無限大の球」という比喩は無限に球を描き続ける運動を指し示す。中心が描かれると球の周辺が描かれ、周辺が描かれると中心が描かれる。そのようにしてその都度描かれる球が現在であり、現在の世界である。そして、球は無限数の円から成り、その都度成立する円の中心が個物としての自己である。球の比喩は、個物的限定即一般的限定、一般的限定即個物的限定ということを、このようなイメージで指し示すのではなかろうか。

8　客観化の原理としての「彼」

現実の世界とその世界に於ける私へと目を向けさせる起点にあるのは、私と汝の関係である。無数の個物、特殊者としての個物、このような捉え方を世界における私と汝という関係に再び投げ返すと、「彼」という契機がそこに見えてくる。

既に述べたように、西田は私と汝との関係に基づいて個物と個物との関係を明らかにしてきたわけであるが、個物と言い換えられたときに既に、私と汝の関係の中に収まらない別の性格が入り込んでいたと思われる。論文「弁証法的一般者としての世界」（一九三四年）では「私が汝に対する如く彼に対する。汝が私に対し、彼が私や汝に対するも同様である」［七・三一四］という言い回しで、その別の性格が「彼」として取り出される。そして、論文「世界の自己同一と連続」（一九三五年）で、「彼」が「客観化の原理」であることがはっきり説明される［八・五六］。この客観化は決して対象化と混同されてはならない。客観化の原理には「働く」ということが関係する。働くということは意識的な知的自己の立場から行為的自己の立場に移行するということであり、それは次のように説明される[6]。

広い意味での意識的自己の立場というのは、現に動いている現実の世界を離れて、世界が進んでいく後から世界を見る立場である。これを西田は「了解」の立場と呼んでいる[7]。このとき私たちの意識において現在的な外部知覚の対象というようなものはなくなると共に、内部知覚的でもなくなる。こうして現在の世界を離れて、私たちが進みゆく世界を後から見るという了解の立場において、歴史認識の立場が成立する。この了解において世界はどこまでも自己自身を肯定してゆく、即ち、世界の進み行きは何ものにも遮られない。それと共に、了解におけるその世界の肯定は否定を含む。即ち、自己は世界の進み行きを意識し、しかもその意識は意識であることを否定されて世界の進み行きに含まれる。このような進み行く世界が後から見られるとき、世界は単なる表現の世界である。進み行く世界がまさに進み行くままのあり方は、現在が現在自身を限定することとしての非連続の連続と考えられるわけであるが、私たちは単なる表現の世界しか見ることができない。それを西田は「弁証法的なる歴史の世界に於てあるものは、すべて表現的余光を有つ」と言う［八・五三］。表象の世界は物の世界の余光なのである。

意識的な知的自己の立場は、自己が世界の外にいて、世界を外から見る立場であり、そこでは私たちがその中に居るという意味での世界はなくなる。それに対して、行為的自己の立場では、私たちは世界の中に居るのであり、世界の進行の方向にある。この世界の内で私たちは生き働き死ぬ。この二つの立場の中間に了解の立場がある。つまり、私たちは、知的自己の立場から了解の立場を通って行為的自己になるという仕方で「働く」ことになる［八・五四］。

この移行の鍵となるのは、了解の立場である。了解する自己に対するものは単なる表現と考えられるものである。単なる表現であるものが、自己に対して呼びかけ、命令するものとなる。自己を動かすものとなる。自己を動かすものとなったのが汝であり、動かされるものが私である。つまり、自己に対するものが自己を動かし、自己がまた自己に対するものを動かす、これが働くということであり、ここに私と汝という関係が成立する。

さらに、個物は無数の個物の相互限定から基礎づけられるということを考えるとき、その相互限定に於て個物と考えられるものを、西田は「彼」と呼ぶ。行為的自己の立場に立つということは、彼の立場に立つことであると西田は言う。つまり、私が働くということは私が彼の立場に立つことであり、汝が働くということは汝が彼の立場に立つことである。したがって、客観化の原理とは、個人的な内部知覚的自己の内部性を破るという意味であろうと解される。

　私と汝の関係というと、誰もが思い浮かべるのはマルティン・ブーバー（Martin Buber 一八七八―一九六五年）の『我と汝（*Ich und Du*）』であろう。しかし、私たちがブーバーの我と汝をモデルにして西田の私と汝を理解しようとすると、誤りに陥る。ブーバーは人間の語り得る根元語に「我－汝（Ich-Du）」と「我－それ（Ich-Es）」の二つがあると言う。この二つの根元語は二つの人間の態度を示し、どの根元語を語るかによって世界の現れ方が違うとされる。つまり、人間は「汝」と語るとき、関係の世界を樹ち立てる。他方、人間は「それ」と語るとき、何かを対象物としてもつ。ブーバーの我と汝は出会いであり、自他関係の一つの典型を表すものと見なすことができる。しかし、西田の「私と汝」はそのような意味での出会いや自他関係を表すものではなく、「彼」はブーバーの「それ」とはまったく違う。西田の中には、ユダヤ教・キリスト教の伝統とは大きく異なる自他関係の構造がある。

　西田の私と汝との関係は絶えず動くものであって、その動きは単純に両者が共にそこに於てある世界で起こるというわけではない。世界は、私が彼となり汝が彼となることで、初めてそこに考えられるのであり、それが弁証法的世界であると解される。その意味では、世界は彼の世界である。彼の世界というのは「主観的・客観的なる物の世界」［八・五六］であると言われ（この場合の「物」は自然科学の対象となるような物質ではない）、彼は私に働きかけない。私に働きかけるのは汝である。そして私が働くとき、彼は汝となるのである。私が働くということは私と汝とが相限定するということであり、相限定することが彼となることなのである。

「彼」は私と汝とがそこに於てあるところの世界を開く。それが弁証法的世界であり、そこで私は私と私の世界の否定を介して他者と出会うのである。

9　弁証法的世界は歴史的世界である

西田の考えでは、現実の世界はそれ自身の統一をもったものでなければならない。それは単なる直線的統一（一方向に流れ行くもの）ではなく、単に円環的統一（永遠不変なもの）でもない。世界は各々の時代においてそれ自身の統一をもつが、さらにその統一の否定を介して、それらが逆接的に一つに捉えられるような統一が考えられる。これを西田は、世界は一であると共に多として自己自身を限定し、多であると共に一として自己自身を限定する、と言う。一即多、多即一である。そして、世界は各々の時代でそれ自身完成するのではなく、一定の発展に達すると、自己自身から自己を否定して、世界は消えゆく。そして、次の時代、つまり次の世界に移る。これが生滅の歴史であり、円環的限定という意味での限定である。このようにして世界は無限に世界自身を限定していくのであり、自己同一的な世界は非連続の連続と見なすことができる。これが私たちの歴史的世界であり、弁証法的世界は歴史的世界である。そのように西田は考える。

弁証法的世界が歴史的世界というあり方をしているということは、既に述べたように、いわゆる自然的世界も歴史的世界から考えられるということである。まず歴史的世界から個物的限定を否定していくことによって、生物的世界が考えられる。個物的限定の否定をさらに徹底すると、物質的世界が考えられる。これが自然科学の対象となる世界であり、科学的実験はこの世界から個物的限定の意義を除去する手段であると見なされる［八・七二］。個物的限定を徹底的に否定するということは時を極小にするということであり、それ故、物質的世界には世代から世代への移り行きということはない。言い換えれば、物質的世界にはまだ個性はない。個性があると考えられるのは生物的世界である。しかし、その個性はまだ不十分であり、真に個性的であるのは世界が個物的に自己自身を限定する歴史的世界である［八・七二—七三］。このように西田は考える。

世界が個物的に自己自身を限定するということは、世界が一つの個物であるということではなく、無数の個物的なるものが一であるということである。これが個物的限定即一般的限定、一般的限定即個物的限定ということであって、ここで「歴史的現在」というものが考えられる。西田が繰り返し論ずるのは、歴史的現在は過去・現在・未来が同時存在的であるような現在だということである。この意味で、歴史的現在は「絶対現在」と呼ばれる。それが指し示すのは、この個性的な世界が滅んで他の個性的な世界が現れる可能性が常にあるということである。この歴史的現在こそ、私たちがそこにおいて真に実在的に生き、真に実在的に死ぬところの生死の場所と見なされる。これが直線的限定即円環的限定、円環的限定即直線的限定と言われる絶対現在の在りようである。

このような仕方で考えられる歴史の姿は発展ではなく、メタモルフォーゼと見なされる［八・九四]。メタモルフォーゼとはギリシア語のメタモルフォーシス（μεταμόρφωσις）に由来する語で、変化、変形を意味する。時代から時代へと移っていくすべての時代は原歴史のメタモルフォーゼである、と西田は考える。そのいずれの時代も永遠の今の自己限定としてイデヤの影を映しており、それぞれが個性的世界であって、そこに文化が現れる。メタモルフォーゼというのは個性的世界から個性的世界への動きを指すと考えられる［八・五六一］。弁証法的一般者を「周辺なくして到る所が中心となる無限大の球」であるとすると、個性的世界の成立は中心が現れて一つの球が成立するということであり、中心が次々と移っていくのがメタモルフォーゼであることになろう［八・二五七］。

西田はこれまで繰り返し歴史について考察してきた。『無の自覚的限定』では時の問題から歴史を考察したが、そこでは歴史よりも社会の方が重い意味をもっていたように見える。自覚からではなく世界から考察されるようになって、歴史は歴史的世界という仕方で西田にとってより深く捉えられるようになったと言えよう。ただし、西田の言う歴史は、私たちが普通考えるような一方向に進む歴史ではない。現代の私たちの歴史理解と西田のそれとの懸隔が何を意味するか、西田哲学の評価に関わってくる問題であろう。

注

1　初期の論文に、「独立の人格的実在として人と我とを区別するものは、自他の意識は同時的に対立し、自己の意識は時間的に連結するという如きことではなくして、或理想的内容の実現の可能の範囲でなければならぬ」［三・四〇一」とあるが、自己の内面的統一以上に深い仕方で他者との人格的統合が可能であるという考え方は、西田に一貫してあるように思われる。既に『善の研究』にも「意識の範囲は決して所謂個人の中に限られて居らぬ、個人とは意識の中の一小体系にすぎない。我々は普通に肉体生存を核とせる小体系を中心として居るが、若し、更に大なる意識体系を中軸として考えて見れば、此の大なる体系が自己であり、其発展が自己の意志実現である」［一・三九］という記述があるが、この考え方も個人的自己を単位として考えないという点で共通している。

2　西田が真の自己同一と考えるのは、「相反するものがそれ自身に於て直に一であり、一がそれ自身に於て直に相反するもの」［七・四五］である。ここで重要なのは「直に」という語であり、これは有即無の「即」と同じ事態を指す。つまり、相反する二つのものとは別に、両者が一となる場所などないのであって、相反するということ自体が場所の意味をもつより他ない。相反する二つのものは相反するということ自体が同一だということである。相反するものは直ちに一であり、一であるものは直ちに相反する。なお、ここで「相反するもの」というのは、白と黒というように一つの類に於ける相反する性質のようなものではなく、また右と左というように相反する両方向というようなものではなく、能動と受動というような相反する作用というようなものでもない。西田が相反するものとして考えているのは、やはり私と汝の関係である。それ故、ここで「相反する」と言われていることは、場所の考え方が確立されたとき矛盾として考えられたことと別ではない。矛盾ではなく「相反する」という言い方が用いられるのは、私と汝との現実的関係が基礎にあるからであろう。私と汝とは相対峙し、相対立するのである。

3　先に、媒介者というのは「於てある」ということの意義を取り出したものだと解釈したが、その解釈は正しかったように思う。「於てある」は「於てある場所」と「於てあるもの」の両方に含まれる語であり、この語が「於てある場所」と「於てあるもの」とを関係づけている。「於てある場所」は単に「場所」と表記されることが多いが、「於てある」は場所そのものに含まれるとして扱うこともできるし、場所というものの意義を明記すると考えることもできる。いずれにしても、有の場所は媒介者の意義をもたないが、無の場所は媒介者の意義をもつ。無の場所の「於てある」ということの意義を特化して取り出したものが「媒介者」だと考えられる。

4　eはドイツ語のeinzeln（個々の）、Aはdas Allgemeine（一般者）、Mはdas Medium（媒介者）の略である。

5『哲学の根本問題続編』では、弁証法的一般者の自己限定は「中心点なく周辺なき円」という比喩で示される［七・二〇八、三一〇―三一一］。ただし、『哲学論文集第三』で「何処までも過去未来を包むと考えられる歴史的空間は、右に云った如く、云わば球面的でなければならない（パスカルの周辺なく到る所中心となる無限の球という如く）」［九・二七〇］とあるのを見ると、円ではなく「周辺なくして到る所が中心となる無限大の球」と考えるべきである。

6　なお、ここでの説明の仕方は、本来考えられるべき方向とは逆である。即ち、行為的自己の立場から意識的自己の立場が考えられるべきである。行為の立場から見えてくるものは意識の立場で見えるものとは違うのであり、前者の方が後者より根源的であるというのがこの時期の西田の視座である。そのことを西田はわかっているが、こういう説明の仕方をしているのは本来の仕方では「移行」というものが成立しないからであろう［八・五四―五五］。移行として説明しないとわかりにくい事柄であることは確かである。

7　西田の「了解」が、ディルタイのVerstehenを念頭に置いたものであることは言うまでもない。

第七章　生か死か——絶対矛盾的自己同一

1　根本的思想の完成

西田の思索はさまざまに紆余曲折を繰り返してきたが、その根本的思想は『哲学論文集第三』で一応完成に到る〔十・三四一〕。その根本的思想が『善の研究』から一貫して追究されてきたものであることは、西田自身が明言している〔九・三〕。

その思索の歩みを振り返ると、純粋経験から出発した西田は純粋経験の自発自展的統一を論理的に明らかにしようとして、場所という考え方に至った。無の論理である場所の考え方は、述語的論理という思惟形式をとることで、判断の知識を一般者の自己限定とする捉え方へと導いた。一般者を場所的に考えることから、一般者を意識現象として捉える自覚的一般者の考え方へと至り、場所の論理は自覚の論理として確立された。それによって、絶対無の自覚を極点とする一般者の自覚的体系が明らかになった。絶対無の自覚の自己限定を哲学的に解明するなかで、私と汝という関係が問題として浮上する。その関係を個物と個物との相互限定として把握することによって、現実の世界を弁証法的一般者として捉えることになる。そこにおいて個物はどこまでも表現的に世界を形成することによって個物であるということ、逆に言うと、世界は作られたものから作るものへと自己自身を形成し行く世界であるということになる。弁証法的一般者の自己限定は、一般的限定即個物的限定、個物的限定即一般的限定と言い表され、この一般者と個物との多次元的な相互限定関係を西田は「矛盾的自己同一」と呼ぶ。

これまで西田は自分の論理を場所的論理と言ったり、述語的論理と言ったり、弁証法と言ったり、いろいろな言い方をしてきたが、最終的に用いるのは矛盾的自己同一という言い方である。その意味では、『哲学論文集第三』で到達した根本思想とは、後に詳述するポイエシス的自己の自覚の論理であり、歴史的世界の表現的自己形成の論理であるところの、矛盾的自己同一の考え方であると言うことができる。

西田はその後、『哲学論文集第七』まで公刊する。第四から第七は、その矛盾的自己同一の考え方に基づいて実践哲学の問題、知識の問題、数学・物理学の問題、宗教の問題を論じたものである。言ってみれば、矛盾的自己同一の論理で種々の問題が説明できるか否かを検証する論考となる。本章では「矛盾的自己同一」さらには「絶対矛盾的自己同一」の思想を明らかにすると共に、それが第一章で述べた生死の問題とどのように関係しているかを論じてみたい。

2　生命の形成作用としての論理

後期の思索になると、論理と生命との関わりがこれまでとは違う姿を示してくる。それ以前にも、生命という語は西田の論考の折々に登場した。『一般者の自覚的体系』では、絶対無の自己限定のノエシス的方向に見られるものを「無限なる生命の流」と呼んでいる［五・四五二］。生命と言うと私たちはまず生物学的な生命を思い浮かべるが、西田の場合、生命は私たちが見ることのできないものそのものを指す語である。私たちが行為として知るのはノエマ面の方から見られたものであるが、ノエマ面はノエシス面を前提するものであり、そこで前提されるノエシス面の働きを西田は生命と呼ぶのである［六・二四四］。その意味をはっきりさせるために、「内的生命」という言い方もする。つまり、「内的生命」とは、ノエマ面がノエシス面の内に没した純粋なノエシス面的限定であるものを指す。このとき、ノエマ面の方から見るということはまったく消えているから、内的生命は見られるものではない。内的生命は絶対無の自覚の運動そのものであると言ってもよい。

西田の生命の思索は、『哲学論文集第二』第一論文「論理と生命」（一九三六年）で頂点に達する。この論文の冒頭に次のようにある。

私は論理とは如何なるものなるかを、その既に出来上った形式から考えないで、その生成から考えて見るべきではないかと思う。論理というものも、歴史的世界に於て生成したものであり、一種の形成作用というべきものであると云うことができる。それは歴史的世界に於て如何にして生成し、歴史的実在の世界に於て如何なる地位と役目とを有するものであろうか。［八・二七三］

論理と生命とが不可分であるだけでなく、論理が生成するものだという考え方は、論理というものが西田にとって問題となり始めてから、西田のなかに変わらずにあったように思われる。純粋経験がまさに一種の形成作用であり、西田の論理は純粋経験の活動的自発自展的統一を哲学的に練磨したものであると言えるであろう。永遠の今の自己限定などという思想は、論理が生成するという考え方を真っ向から否定するもののように見えるが、だからこそ西田は弁証法的一般者というようなものを考えなければならなかったのではないかと思われる。そこにおいて、永遠の今の自己限定という考え方それ自身の否定が、永遠の今の自己限定という考え方のなかに畳み込まれる。そもそも西田の永遠の今の自己限定という考え方は、変化するものを否定し、さらに不変なるものを否定し、相矛盾する両者が一であるという論理によって成立している。しかし、個物と個物との相互限定という考え方は、その一性をもう一度自己否定することを要求する。矛盾はいわば自乗されるのである。

しかしそれでも、論理が生成するという考え方を容易に受け入れることはできないかもしれない。論理が歴史的世界において生成するということは、結局のところ、論理が時の流れのなかで変化するものだということに落ち着いてしまうのではないか。それでは、論理の意義はないのではないか。そういう疑問が起こるはずである。だが西田の考えでは、論理が生成するものであるのは、そもそも実在が論理的であり、その実在が生成するからである。西田によれば、もともとギリシア哲学において実在と論理（ロゴス）との分裂はなかったが、アリストテレスによって論理が形式論理学に堕するに至り、実在と論理との分離が始まる。近世科学になると、実在と論理とは分裂し、実在は非論理的なものと見なされるようになる［八・二七四］。

西田が論理は生成すると考える原点は、ヘラクレイトスにある。ヘラクレイトスは、万物は流転し我々は再び同じ川の流れには入らない、と考える一方で、不変なものとしてのロゴスを語るということで、弁証法の祖とも見なされる哲学者である。それを踏まえて西田は言う。

論理は一種の形成作用である。従来の論理から実在を考える前に、我々は尚一度実在から論理を見直してみなければならない。真の弁証法とは、従来の論理の形式を深め広め行くことではなくして、実在の論理化でなければならない。［八・二七六］

論理が一種の形成作用であるからには、実在のなかに論理を見出そうする思索自体が形成作用という意義をもつことになろう。論理の生成は、実在の世界が論理的に自己形成していく、実在そのものの形成作用への参与であると言ってもよいかもしれない。ロゴスの形式的な不変性はそこで自己否定されるわけであるが、その自己否定を導くのが実在である。論理が生成するものだということは、実在が生成するものだということからくる。場所的論理や述語的論理、弁証法的論理、矛盾的自己同一の論理など、西田のさまざまな論理の言い方は、その実在の生成の多様な局面に応じたものであろう。それらはいずれも別の論理ではない。

実在が生成するということは、実在を生命として捉えるということである。西田が生命の語を重要視した背景には、十九世紀末から二十世紀初めにかけて盛んになった「生（命）の哲学（Lebensphilosophie）」と呼ばれる思想潮流がある。この思想潮流を代表するディルタイ、ニーチェ、ベルクソンらの哲学は西田に大きな影響を与えており、『無の自覚的限定』には「生の哲学について」という論文が収められている。そこで西田は、生の哲学にはその根本概念である生命と論理との深い内面的関係について考えられていないという根本的弱点がある、と批判している〔六・四二九〕。哲学史の一般的な理解では、弁証法論理を大成したヘーゲル哲学以後にいわばそのアンチテーゼとして登場する生の哲学において、「生命」は合理的なものの根柢に潜む非合理的なものを指し示す概念と見なされてきた。その非合理的なものは理性によって捉えることはできず、直接に体験されるよりほかない。このような一般的な生命の概念に対して、西田は非合理性を取り込んだ生命の論理を明らかにしようとしている。論理性と直接性とを一つに考えようとするのが西田の特徴であり、それはヘーゲル的な弁証法の立場と生の直接性の立場とを統一しようとするものだと言うこともできる。

3 生まれ働き死にゆくものの世界

西田は、実在を生命そのものであると考えて、そこに論理の源を見て取る。「生命は矛盾の自己同一でなければならない」〔八・二八二〕。西田は彼の弁証法的論理を矛盾の自己同一という言い方で示すようになるが、この論理は、直截に生命を論理化したものであると言ってよい。生命がそもそも弁証法的であり、生命の弁証法によって論理の弁証法が成立すると考えられている〔八・三八四〕。彼の言う「生命」はノエマ的に捉えられないものであるにしても、理性によって捉えられない非合理的なるものではない。西田の念頭にあるのは、生まれ働き死ぬ、健やかであったり病んだりする、そういう私たちのリアルな活動そのものである。

ここで、先にも引用した「現実の世界とは単に我々に対して立つのみならず、我々が之に於て生れ之に於て働き之に於て死にゆく世界でなければならない」［七・二一七］という一文が思い起こされる。「歴史的実在の世界における個物」とはまさに生まれて働いて死ぬものであり、それは身体を基盤とする［八・二八三］。私たちは生物として身体をもち、食物を食べ排泄し眠り活動し生殖するものとしてある。身体的自己に対するものは環境である。環境は生物的な種の世界であり、「単に我々に対して立つ」世界である。

しかし、身体といっても、西田は生物的身体だけでなく、歴史的身体というものを考える。身体には生物的機能があるだけでなく、ロゴス的機能があるとするのである。[1]個物としての自己は歴史的身体として歴史的世界においてあり、歴史的事物と向かい合う。このとき、身体は歴史的事物と関わる道具という意味をもつ。先に、事実自身の自己限定は身体的限定であると言われていたことが思い起こされよう（本書第五章3）。西田は「道具」という語を非常に積極的な意味で用いている。行為的自己は身体によって物を道具として操ると共に、身体自身を道具としてもつ。そのような道具をもって為すすべてが「行為」であり、そこで引き起こされるのは「表現」である。行為的自己が作ったものは、作られたものとして自己を離れ、それ自身が歴史的世界に於てあり、歴史的世界に於て働くのである［八・二九九］。「我々が之に於て生れ之に於て働き之に於て死にゆく世界」は歴史的実在の世界であり、私たちはまずもって歴史的世界に於て働くものなのである。そして、物を道具としてもつということは結局、世界を道具としてもつということであり、言い換えれば、それは世界が自己の身体となるということである［八・三三二］。西田によれば、そういうことのすべてが「歴史的出来事」なのである。

生命についても、私たちは生物的生命であると共に歴史的生命であると言われる。歴史的自然というのは物理学的自然ではなく「生むもの」としての自然であり、生むものとしての歴史はロゴス的であると西田は考える。矛盾の自己同一である生命は、自己自身の中にどこまでも否定を含むものである［八・二八四―二八七］。弁証法的世界においては生物的生命であることも歴史的生命というところから考えることが求められるが、そこから考えると、生物的生命もまた歴史的自然の形成作用であると見ることができる。

生物的生命・歴史的生命という考え方と共に西田が持ち込むのは「種」である。[2] 類・種・個の関係に於て、種は類と個の中間にあるものである。一般・特殊・個の関係で言うと、種は特殊に相当する。『哲学の根本問題（行為の世界）』で論じられる「特殊者」については本書第六章5で言及した。

第六章での議論を確認すると、媒介者Mの自己限定によって一つの世界が決まるということであった。私たちは世界において物を見、永遠に触れることができ、また世界において物が生まれ、我々自身が生まれる。この中心が現在であり、そこに永遠の今の自己限定がある。これが媒介者の特殊化であって、そこに無数の特殊者が成立する。媒介者としての世界に於て、自己自身の中に矛盾を含み何処までも弁証法的に動くものが特殊者であった。無数の特殊者が成立すると、現在が消え、中心が消えていく。現在が消えていくことは、また現在が生まれることである。媒介者の特殊化における現在は「絶対矛盾の統一」という語で示されている［八・二五六］。統一は同時に分裂の傾向をもち、分裂は同時に統一の傾向をもつ。無数の特殊者の世界として考えられるのは、「分裂の統一の世界」である。

西田が明記しているわけではないが、「分裂の統一の世界」とは、「矛盾的自己同一の世界」が考えられるひとつ手前で考えられるもののように思われる。そこでは、個物のように見えても真の個物ではなく、一般のように見えても真の一般ではない。この世界の有るものすべてが特殊者である［八・二五二］。逆に言うと、この特殊者は個物的性格も一般的性格ももっており、自己自身を限定するものである。「自己自身を限定する特殊者」であるということが、媒介者Mの特殊化として、一般の特殊化による単なる特殊とは違うところである。特殊者の世界は果てしない争いの世界として不断に動いていく。この「分裂の統一の世界」の要素である「自己自身を限定する特殊者」が、西田の言う「種」である。種が歴史的現実の形成作用だということになる［八・四五二］。種は弁証法的一般者の特殊として個物的であると共に一般的である。世界歴史的に生きるということは、こういうあり方を指すと解される。

種は生物の種として考えられているというより、民族や国家や地域共同体などの社会的な種として考えられている。種は、生まれ、働き、死にゆくということを具体的に担うものであろう。生物的生命と環境が切り離せないのと同様に、歴史的生命と社会とは切り離すことのできないものであり、その切り離しがたさは絶対に矛盾するものが即一であるという仕方で語りきってしまえるものではない。西田はその切り離しがたさを、分裂と統一の果てしなさとして捉えようとしているように思われる。それは生まれ、働き、死にゆく私たちのリアルな姿であろう。

4　「作られたものから作るものへ」

「分裂の統一の世界」というのは特殊者という観点から見た世界である。歴史的現実の形成作用そのものにおいて考えると、分裂の統一ということにとどまらず、「矛盾的自己同一」の世界というものを考えざるを得なくなるのだと解される。この事態を明らかにするのが、「行為的直観」と「作られたものから作るものへ」という考え方である。

歴史的現実の具体的な形成の契機となるのは行為的自己である。西田によれば、行為的自己の行為の足場となるのが歴史的現在であり、歴史的世界は「行為的直観」の世界である［八・八四］。一般者の自覚的体系が考察された際には、絶対無の自覚のノエシス的限定の方向に見られるのが行為的自己であり、そのノエマ的限定の方向に見られるのが表現であったが、行為と表現の内容が本当に具体的になるには、歴史的世界の中でそれらを考えなければならない。

西田は「我々は行為によって物を見、物が我を限定すると共に我が物を限定する」と述べる。行為を物と我との相互限定として捉えて、この相互限定を「行為的直観」と呼ぶ［八・一三二］。この場合の「物」とは「主観的・客観的なる物の世界」と言われたときの「物」であって、我と物とは共に個物であり、私と汝である。それ故、物と我との相互限定は個物と個物との相互限定の一つの形だと考えることができよう。物と我との相互限定は、見ることと働くこととの相関であるから、行為的直観は「見ることから働き、働くことによって見る」とも言い表される［十・一三〇］。

自覚的自己の場面では働くことは意志することであったことを思い起こそう。それに対して、行為的自己の場面では働くことは物を作ることである。行為的自己においては、現実というものの捉え方がよりノエシス的になるのである。「現実とは単に与えられたものではない、単に与えられたものは考えられたものである。我々がそこに於てあり、そこに於て働く所が、現実なのである。……私の所謂行為的直観的なる所が現実と考えられるのである」［九・一五三］。『哲学の根本問題続編（弁証法的世界）』で自己から世界を見るのではなく、世界から自己を見る立場への転換が語られたが、その転換を本当に可能にするのが「行為的直観」の考え方である。世界から見るというときのその世界は単に与えられるものではなく、行為の中で開かれなければならない。その世界が「我々がそこに於てあり、そこに於て働くところ」であり、それを開示するのが行為的直観である。

この意味での行為的直観は「経験」と言い換えられる［八・一三二］。行為的直観は内容的には初期の純粋経験という考え方に既に含まれていたものであると言える。ただし、行為的直観には、純粋経験という概念にはない新しい意味が含まれている。それは「作る」ということである。西田は行為的直観を、一つの時代を限定し、また次の時代に移っていくという歴史的世界の形成作用と見なす［八・八九］。この形成作用はやがて「ポイエシス」という語で語られるようになる。『哲学論文集』（第一—第七）の西田は制作や創造を意味するポイエシス（ποίησις）という語を折に触れて用いるようになり、論文「ポイエシスとプラクシス（実践哲学序論補説）」（一九四〇年）では、プラトンやアリストテレスなどにおけるこの二つの概念の用い方を考察している。

プラクシスとポイエシスとの対比で言えば、プラクシスは自己が自己自身を目的として働くこと、即ち人間の自己形成を意味し、ポイエシスは歴史的世界において自己が自覚的に物を形成して行くこと、即ち生産活動・政治経済・学問芸術などあらゆる人間の営みによる歴史的世界の形成作用を意味する［十・一四九―一五〇］。西田によれば、自己を目的とするプラクシスと物に向かうポイエシスとはどこまでも相対立するが、決して別ではない。私たちがこの世界において何らかの意味で物を作るということは、逆に何らかの意味で自己が造られることでなければならない。そうであるところに、歴史的現実の世界がある。したがって、ポイエシスとプラクシスは相反する方向をもちながら、相互矛盾的に一である、と西田は言う［十・一五二］。

そして、自己においてポイエシスとプラクシスがこのように相互矛盾的に一であるあり方を、「物となって考え物となって行う」という言い方で示す［十・一五八］。「物となる」とは、自己が歴史的世界の事物となるということを意味する。この立場では道徳的行為ということも、事柄の是非を検討し判断するという仕方ではなく、私たちが歴史的世界の事物となって、「此時此処に世界を映す」という仕方でなされるべきものになる。そして科学もまた、私たちの個物的自己が物となって考え物となって行うという立場でなされるべきだとされる。もっとも、道徳はプラクシス的に働く立場、科学はポイエシス的に世界を映す立場という違いがあることが付言されるが、その違いはどこか形式的に見える［十・一六〇］。物となるということは主体的な自己を消してしまうように思われるかもしれないが、西田は、私たちの自己は物となることで歴史的世界の個物的多として創造的世界の創造的要素となると考える。そうなるのがポイエシスにほかならない。この考え方に示されているのは、個物が単に世界を映す個物ではなく、どこまでも世界を形成する個物でなければならないということである。

ポイエシスとプラクシスとの矛盾的自己同一ということを、歴史的世界が形成されていくその仕方を示すものとして捉えるならば、「作られたものから作るものへ」という言い方になる。「作るもの」というのは主体から環境へと働くものを意味する。働くということは物を作るということであり、物を作るということは自分の行為がこの世界において何らかの結果を引き起こすことである。「作られたもの」とは物と物との決定せられた関係を意味し、これが私たちの「環境」になる［十・二七七―二七八］。私たちの現実は決定せられた物と物の形であると考えられる。そう考えると、「作られたものから作るものへ」という方向だけでなく、「作るものから作られたものへ」という方向も当然あるはずである。この両者が、「作るものと作られるものとの矛盾的自己同一」の立場の二つの方向と考えられる。こういう仕方で歴史的世界が形成されると西田は考える。

「矛盾的自己同一」は弁証法論理と別のことを言っているわけではない。西田は個物的多と世界の一との矛盾的自己同一を「一即多、多即一」と表記する。場所的弁証法が「個物的限定即一般的限定、一般的限定即個物的限定」という形で示されるのを見たが、それと同じ表記の仕方である。この表記は華厳経などの仏典に倣ったものと思われるが、西田は「円環的限定即直線的限定、直線的限定即円環的限定」、「肯定即否定、否定即肯定」、「時間即空間、空間即時間」などさまざまに用いている。相矛盾するものを即で結ぶというのは、相矛盾するものがそれぞれのままに一であるという場所的な関係を示している。それを逆向きに繰り返すことで、場所的関係は矛盾していたものがやがて合一に到るという過程的なものでないことを確認できると共に、その繰り返しは即で結ばれた関係がいわば自乗されることを意味すると解される。その自乗は繰り返され、限りなく相互限定関係を堆積させていく。場所的弁証法というのはその限りなく堆積する動態を説明するものであり、その事態を形成作用そのものにおいて摑むと「矛盾的自己同一」となると解される。つまり、矛盾的自己同一の論理は形成作用を表している。

5　絶対矛盾的自己同一の世界は私たちに生死を問う

西田は「矛盾的自己同一」と言うだけでなく、さらに「絶対矛盾的自己同一」と言う。これが何を意味しているか、次の一節が理解の手がかりとなろう。

……個物的自己としての我々に与えられるものは、生死の課題として与えられるものでなければならない。世界とは我々に向って生死を問うものでなければならない。個物的自己に対して与えられる世界は、一般的な世界ではなく、唯一的な世界でなければならない。我々が個物的なればなる程、爾云うことができる。そしてそれは又逆に矛盾的自己同一的に世界が唯一的なればなる程、個物は個物的となると云うことができる。此故に個物は絶対矛盾的自己同一、即ち絶対に対することによって、個物であると云うことができる。自己自身の生死を媒介とする所に、個物が個物であると云うことができる。［九・一八八］

矛盾的自己同一の世界がその唯一性を極めたものが、絶対矛盾的自己同一の世界と言われる。世界の唯一性を極めることとは、個物の個物性を極めることと呼応する。私たちに向かって生死を問うものは私たちを超えたものである。絶対矛盾的自己同一的なる世界は決して対象としては現れない。それは自己の生死の全体がのっぴきならない仕方で問われるところに初めて立ち現れる。そして、そのとき初めて自己は真の意味での個物となる。[3] 私は真に私になる。絶対矛盾的自己同一とは、自己同一なるものとしての世界がどこまでもこの世界を越えたものだということである［九・二二四―二二五］。

したがって、世界の自己同一をこの世界に於けるイデヤ的なるものとすることも否定されねばならない。そもそもイデヤ的なるものは、私たちの生きるこの世界が絶対矛盾的自己同一の影を映すところに成立するのであって、どこまでも仮現的である。プラトンの場合はイデヤが真実で現実が仮現的であるが、西田のイデヤは逆である。この世界にイデヤ的なるものを認めるとしたら、絶対矛盾的自己同一の世界が私たちの生きる現実に対してどこまでも超越的に指し示しを与えるという仕方でしかない。つまり、個物的多と全体的一とはこの世界でどこまでも一となることなく、この世界の自己形成に終わりはないことを、指し示すのである。

また、そういう仕方で指し示すからこそ、世界の自己形成の過程は単に機械的でもなく、合目的でもないということになる。世界がこのようにイデヤ的な指し示しのもとで形成されるということは、西田にとって、世界形成が論理的であるということを意味している。つまり、イデヤ的なるものは現実の世界の私たちに対して「斯くすべし」として迫り、そういう仕方で私たちを動かすものと言える［九・二〇六］。それはあるべき世界を考えることであり、西田によれば、結局、世界を決定したものとして考えることである。「斯くすべし」は過去が基になって、「斯くあったから斯くすべし」という形で出てくるものだからである。ただし、西田にとって過去が決定したものであるというのはそれ自体が仮定である。

「斯くあったから斯くすべし」は、「作られたもの」として私たちを行為に促す。西田は、このような命法で過去から私たちを動かす論理を抽象論理であると言う。それに対して、「世界が何処までも矛盾的自己同一的に自己自身を形成するのが、具体的論理である」［九・二〇六］。即ち、矛盾的自己同一が具体的論理である。私たちは矛盾的自己同一的世界の形成要素として、個物というあり方をする。それ故、私たちの行為的自己は絶対矛盾的自己同一の現在に於て「斯くあったから斯くすべし」（抽象論理）によって動かされて、歴史的世界の創造的要素となる。つまり、私たちは抽象論理を媒介として具体的論理の契機となる。行為的直観と言うと、直観ということで論理を否定すると思われるかもしれないが、西田にとってそれはまさに具体的論理の発現なのである。

　絶対矛盾的自己同一的現在は自己成立の根抵であり、私たちの自己が一瞬も離れることのできないところである。これを西田は「平常底」と呼び、「平常底とは、唯ありのままとか、平凡とか云うのではない。すべての操作がそこからそこへということである」［九・三〇三］と説明している。[4] すべての操作というのは、哲学の根本的操作、自然科学の根本的操作、歴史的世界に於ける各人の歴史的操作などのすべてを指す。[5] それらは行為と言い換えてもよい。「そこからそこへ」、即ち、そこから来てそこへと還る動きが引き起こされるもととしての「そこ」、それが平常底である。これは、西田が論理を生成するもの、実在を生成するものと考えることと符合する。絶対矛盾的自己同一的現在は自己自身に迫りくるものに自己を奪われるか否かの戦いの場であるが、それを示すのに、通常「ありのまま」を意味すると思わせる「平常底」という語が選ばれたことが興味深い。「そこからそこへ」とは深淵に差し掛けられている私たちの日々の生活の在りようであると言える。

『哲学論文集第三』の序に「「善の研究」以来、私の目的は、何処までも直接な、最も根本的な立場から物を見、物を考えようと云うにあった。すべてがそこからそこへという立場を把握するにあった」［九・三］とあるのを見ると、西田の目指した根本的立場とは平常底であり、絶対矛盾的自己同一であると言うことができる。

なお先の引用では、絶対矛盾的自己同一は端的に「絶対」と言い換えられている。「絶対」を思惟することは矛盾を孕んでおり、古今東西の哲学史に於て課題であり続けてきた。何らかの意味で限定されるもの、何らかの仕方で他と関係するものは相対的なものであり、絶対ではあり得ない。したがって、私たちが絶対を思惟することはできない。しかし、相対的なものは相対的でないものに対して相対的と言い得るはずである。私たちの思惟は絶対的なるものを前提として初めて相対的なるものを扱うことができると言わねばならない。これは、相矛盾するものを相矛盾すると知り得るのは何故か、という西田の問いと同じ問題である。第二章2で、西田の「限定」の語がヘーゲルの限定の考え方に基づくことを述べたが、ヘーゲルの限定性はスピノザの命題「限定は否定である（Determinatio est negatio）」に依拠するとされる。[6] この命題は、有限な事物のすべての規定性は神の無限性の否定として成立するということを意味する。要するに、判断を一般者の自己限定と見なすところから始まる西田の思想は、絶対を丹念に追い求める思索の地平を動いてきたのであり、その行き着いたところが絶対矛盾的自己同一であると言うことができる。

6　歴史的実在である私たちは宗教的実在である

絶対矛盾的自己同一的現在に於て個物としての私はこの世界を越えたものと対峙する。表現ということも改めてここで理解され得る。矛盾的自己同一的現在に於ては、個物と世界とはどこまでも対立し、その対立は作るものと作られたものとの対立である。この対立は、絶対現在に於て個物としての私たちに対して無限の歴史的過去が迫ってくることだと考えることができる。過去が広い意味での物として私たちに対して迫ってくるということが、「表現」と言われるのである。表現という言い方に、私と汝との関係を見てとることもできよう。私の存在そのものを動かすものは汝であり、汝は表現として立ち現れる。このとき、「私の絶対矛盾の自己同一というのは、宗教家の所謂神に相当すると云ってよい」［九・一二〇］という西田の言葉が理解できるであろう。[7]

西田の思索はここで再び宗教と切り結ぶ。宗教は絶対矛盾的自己同一的立場であると言われる［九・二一六］。自己の根抵に於て自己矛盾に撞着し、自己自身を否定するということは、自己自身によって為されるのではなく、絶対の呼び声によって生起する。絶対矛盾的自己同一の世界が私に対して生か死かと迫るということが、絶対の呼び声である。このような考察は体験的自己の自己反省の立場でなされている点は中期と同じであるが、そこで論じられたよりも一歩踏み込んだ回心の説明となっている。

西田の宗教理解は『善の研究』から最後の論文となる「場所的論理と宗教的世界観」まで基本的に

は一貫しているが、中期と後期には視点の違いがある。

一貫したものとしては、「宗教心」、換言すれば「宗教的要求」を宗教という事象の根幹とする見方である。西田の論理は矛盾対立を越えることで、より根抵的なるものに迫るものであり、矛盾は常に自己のなかに見出される。自己が自己の中に矛盾を含むということは、自己の中に自己超越の要求を含むということである。この自己超越の要求が西田の宗教的要求である。その意味では、西田の論理は一貫して宗教的なものである。ふつう宗教的要求と言うと、苦しみから救われたいとか、心の安らぎを得たい、死後天国に行きたいというような要求を思い浮かべるかもしれない。それらは結局、安《あん》心《じん》を求めるということになるであろう。しかし、「安心は宗教より来る結果に過ぎない」［一・一七〇］として、安らぎや癒やしを目的としない態度は最後の論文まで変わらない。

中期と後期との視点の違いは歴史的宗教に関するものである。既に見たように、中期では宗教的意識の立場と宗教的世界観の立場とを明確に区別している。キリスト教や仏教などの歴史的諸宗教は必ず何らかの世界観をもつわけであり、それらは差し当たってそれぞれの宗教的世界観によって特徴づけられる。そのような世界観は叡智的世界に即して考えられたものであり、絶対無の意識にまで徹底したときには、その世界観は消えるはずである。絶対無の自覚には至らないけれども宗教的世界観を越えたものという哲学の位置づけは、両者を鋭く切り分けることになる。この時期の考え方では、宗教の意義は歴史的諸宗教の外的な活動ではなく、各個人の内面的な深化に認められることになる。

それに対して、後期になると行為的直観の立場から、「私は我々の自己の自覚は内からと云うより、寧ろ外からと考えるものである」［十一・一三五］と述べるようになる。自覚を外から考えるということとは、歴史的世界の中での行為として宗教を考えることを意味し、仏教やキリスト教などの歴史的諸宗教が重要な意味をもってくる。したがって、それぞれの宗教の世界観も重要になってくる。最後の論文「場所的論理と宗教的世界観」（一九四五年）では、この題名が示すように、場所的論理によって歴史的諸宗教の世界観を主題的に論じている。そこで特徴的に見えてくるのは、普通の人の普通の宗教の姿である。

何等かの立場に於て宗教的体験を有ち、真に入信の人と云うのは少い。併し宗教と云うのが、或特殊な人の特殊な心理状態と云うのではない。我々が歴史的世界から生れ、歴史的世界に於て働き、歴史的世界へ死に行く、歴史的実在であるかぎり、我々は宗教的実在でなければならない。我々の自己の成立の根柢に於て、爾云うことができる。［十一・四四七］

宗教的体験という仕方で生起するものは言うならば天才の宗教であり、弁証法的世界における宗教性は凡人の宗教であると言えるかもしれない。特別な宗教体験をした人だけが宗教的であるわけではない。絶対矛盾的自己同一の論理から、私たちの自己はそもそも宗教的なのである。そこから、歴史的世界の個物的多として、私たちの自己の行動の一つひとつがこの世界を表現し、この世界の自己表現点としてこの世界を形成していく。そのようなあり方が出て来る。まさに「平常底」がここで指し示されている。そして、そこに見出される、私たちの自己と絶対者との関係を西田は「逆対応」と呼ぶ。これは、宗教という具体的場面における、絶対矛盾的自己同一の現れ方を指すものと解される。

7　絶対矛盾的自己同一と背景に退くもの

しかし、後期の宗教理解をそれだけで済ませることはできない。歴史的世界との関係において宗教を考えるということは、歴史的世界の多様な問題が宗教の位相に関わってくるということである。そこで生じてくる一つの大きな問題は国家との関係である。『哲学論文集第六』第三論文「予定調和を手引として宗教哲学へ」に、次のようにある。

> 国家とは、歴史的世界の自己形成の形に他ならない。国体とは、かかる個性的形である。我々の自己は絶対現在の世界の個として、何処までも歴史的形成的に、国家的でなければならない。真の宗教的自覚の立場から、真の国家随順と云うことが出て来るのである。単に自己の安心を求めると云うのは、私欲である。それは宗教的自覚と正反対の立場に立つものである。［十一・一四五］

西田は、国家は人倫的理念の現実態であるとするヘーゲルの国家観を受け継ぎ、宗教的自覚の立場と国家随順ということを結びつける。[8] 西田の時代における国家というものの意義は、さまざまな面でグローバル化した現代世界における国家とは大きく異なっている。しかし、西田の国家観のはらむ問題は、単に時代状況によるものではない。

ポイエシスとプラクシスとの矛盾的自己同一ということから、西田は国家についてこう語る。

……絶対現在の自己限定として現在が現在自身を限定する所に、絶対矛盾的自己同一的世界の自己限定として形が形自身を限定する所に、我々の社会と云うものがあるのである。而してかかる社会が、絶対矛盾的自己同一として、世界自身の自己形成の意義を有するかぎり、国家と考えられるものであるのである。〔十・二九二〕

西田の国家理解は絶対矛盾的自己同一という考え方そのものに根を置いている。しかし、国家というのは単純なものではない。国家は政治権力の主体とし地上で最大の強制力をもち、国民に対して生殺与奪の権を有するものである。そこからさまざまな生臭い現実的問題が出てくる。そういった種類の問題には、多角的な討議によっていくつかの可能な行為の選択肢を導き出し、比較検討の上で一つを選び出すというような態度を取らざるを得ない。行為選択は常に暫定的なものであり、そこから当然出てくる綻びを繕うために、また新たに暫定的な行為選択が迫られる。国家というのは、倫理的実体として扱うだけでは済まないことが顕著に出てくる事柄であろう。

絶対矛盾的自己同一という考え方にそのような位相の事柄への視点が欠けているというわけではない。絶対矛盾的自己同一はそういう事柄を超越してしまうのであり、それによってそのような事柄はたいした問題ではなくなるのである。

国家というのは著しく歴史的な問題である。超越によって問題が軽くなるということは、「歴史」についてより深く言える。西田は「永遠の今の自己限定としての歴史的行為は何処までも過去を包んだ無限の進行でなければならない」［十二・五九］とする。その場合、過去を包んで歴史が進行するということは、歴史の過去が私たちの生命に新たな意義と発展を与えるのだという、きわめて楽観的な意味で捉えられている。過去は将来を開いていく力を与えるだけではない。「我々は単に我々の過去によって限定せられないのみならず、我々の後生涯が前生涯の意味を変ずることあるが如く、我々の将来は過去の歴史の意味を変ずると考えることもできる」［十二・五九］とあるように、西田にとって、過去の歴史の意味は変えられるのである。この楽観は西田が歴史を、個人史をモデルにして考えることに依るのかもしれない。だが、個人が過去の罪を悔いて、心を入れ替えて善行に励むというようなことが、歴史の事象を考えるモデルになるとは思われない。

何かに照準を合わせると、それ以外のものは背景に退くというのは当然のことであり、絶対矛盾的自己同一という究極のところまで統一を目指した思想においても例外ではない。ただ、西田の絶対矛盾的自己同一の現在に関して問題点を指摘するなら、「過現未を包む現在」と言われるときの「過現未」の現、つまり包まれる方の現在のことを西田がまったく論じていないことが挙げられるように思う。包まれる現在というのは直線的限定における現在である。この現在は過去と未来によって厳しく制約される。過去の行為が積み重なって現在の現実を作り上げている。その現在を生きることは、堆積した過去のすべてを受けとめることによって未来の世界を作っていくことである。包まれる現在が過去と未来の重さから成り立っているのであれば、包む現在は、背負うべき重荷としての過去と引き受けるべき責任としての未来を包むのでなければならない。このような歴史的現在の負荷に対して、我々の将来が「過去の歴史の意味を変ずる」と考えるだけでは到底十分ではない。意味を変ずることでは負荷はなくならないのである。

8 究極統一の要求

それでは、西田の思索は何を目指し、何に照準を合わせてきたのであろうか。高坂正顕が整理した京都大学での哲学概論の講義録から、それを知ることができる。講義録の二箇所を引用する。

> 哲学は概念的知識である点に於ては科学と同種である。併し哲学の目的である宇宙人生の究極の問題を解決して宇宙と自己との関係を定めること、即ち意識の最終統一に達せんとする目的に於ては反って宗教に同じものである。［一五・一七二］

> 要するに哲学も宗教も人心の同一の要求である。即ち人心がその究極統一に達せんとする努力である。統一ということが人間の至誠即ち真摯な状態であり、かねて生命である。此の要求の理知の方へ傾いたものが哲学で、情意の方向に傾いたものが宗教である。併し我々の人格の根柢が、理知であるよりは寧ろ情意の方にあるとすれば、宗教は哲学よりもより深いものとなる。［一五・一七八］

西田が照準をあわせたのは「宇宙人生の究極の問題」であり、目的としたのは「究極統一に達せんとする」ことである。そして、この目的は哲学と宗教に共通のものである。目的が共通ということは、『善の研究』で言われた「元来真理は一である」〔二・四六〕ということと通じている。真理が一であるとは、実在の真理と道徳・宗教の真理とが別ではないことを指している。この意味での真理は先述の真のイデヤとは別のものであって、真理の一性は統一の一性とそのまま重なる。

そして、真理が一であるということは形而上学的な一元論をめざすというようなことではなく、人間の営みがすべて同じ土俵の上に置かれるということだと言ってよい。その土俵が生死の問題である。一つの同じ土俵の上に置かれるということは、すべての努力、すべての営みが一つの根源的な真理性の基準にさらされるということである。

究極統一が目的とされるのは、宇宙人生の問題は唯ヽ一ヽのヽ真理を見出すことによってしか解決されないからである。部分的な真理や暫定的な真理では決して解決できない。生死の課題は、宇宙人生の一切を貫く究極の真理によって初めて答えが見えてくるのである。善く生きる、善く死ぬ、とはそういうことだと解される。部分的な真理によっては、人は部分的に善く生き、部分的に善く死ぬだけである。暫定的な真理によっては、人は暫定的に善く生き、暫定的に善く死ぬだけである。統一を求めるということは真剣に生き、真剣に死ぬということである。究極までその統一を求めることは究極まで真剣だということである。

この真剣さが、一方で、西田のすべてを説明しようとする果てしない思索の努力を導く。実在をめぐるアカデミックな議論も生死の問題と別ではありえない。古今の哲学思想のみならず、数学、物理学、生物学、歴史学、人類学、マルクス主義などをことごとく統一することのできる実在の論理が、求められねばならない。暫定的な行為選択しかできないような現実的問題についても、知のレベルが違うという言い訳はできない。

この真剣さは、他方で、事柄を生か死かというところまで突き詰めていく思索の仕方を西田に課する。この突き詰め方は見えるものの根抵をより深く掘り下げるという方向性をもつが、より深く掘るためには探求は自己否定を介して複雑にならざるを得ない。西田の探求は、判断の知識から絶対無の自覚へという表から裏への方向を裏から表への方向へ逆転したように見え、絶対無の自覚という究極の根抵の追究から私と汝の関係を介して世界の方から考えるという方向転換をしたように見える。それはより深く掘り下げることを止めたのではなく、知の客観性を多層的に追求すると共に自覚の自己否定を介して自覚を多次元化するという仕方でより深く突き進む道を開拓したのである。

さらに重要なのは、これが単なる思索者の態度の問題ではなく、究極統一の要求が場所の論理の動力として場所の論理そのものに組み込まれているという点である。西田にとって究極の統一に到ろうとすることは生命の要求であり、その要求はそれ自身が形成作用であるような論理として形をとる。歴史的世界で生成する論理とそれを支える究極統一の要求こそ、西田哲学を最も特徴づけるものであると言ってよいであろう。この要求は、西田が宗教的要求と呼ぶものと同じものである。

しかし、究極統一に達するなどということは、そもそも不可能ではないのか。形而上学はまさに究極統一を求める学であると言えようが、二十世紀にはそれが不可能であることが明らかになったが故に、哲学の課題から形而上学が消えなければならなかったのではないか。確かにそう言えるところがある。真理論という観点から考えても、唯一の真理の追究などということはあまりに素朴と見えるかもしれない。唯一的で絶対的な真理を掲げることは、現代では直ちに批判の対象になるであろう。ニーチェ以降の真理論は、絶対的真理に対する懐疑から始まると言ってもよい。現代哲学における真理概念はいろいろな意味で暫定的で限定的で相対的なものになっている。西田においても唯一的な真理に到達したわけではない。それにもかかわらず、西田の思索の中には、そのような議論では見落とされてしまうものがある。

よく言われることであるが、「真理など存在しない」と主張することは、そういう仕方で真理を主張していると言うことができる。真理を否定する主張は逆説的であり、真理の存在を否定すればするほど、真理の主張は強力となる。だからこそ真理の主張は自己吟味を必要とする。その自己吟味は徹底的でなければならず、それ自身に見えないところまで突き進んでいかねばならない。このことが意味するのは、私たちは真理を求めずにはいられないものだということである。この真理への要求は単なる心理的なものではなく、生存そのものに属するものである。真理のみが生存を強くする。真理の力なしには、生も死もくっきりした輪郭をとることはない。それ故、暫定的で限定的な真理の追究であっても、その根抵にはこの欲求が含まれている。真理への欲求は生死の問題であるから、いかなる場面でも留保しない。

真理への欲求、究極統一に達したいという要求の要点は、それが果てしないものだというところにある。この要求に関して決定的に重要なことは、それが究極統一に到達することによって終わるわけではないという点である。この要求は要求そのものが消滅することによってのみ終結する。絶対無の場所とはこの要求の消尽点を意味する。要求が消滅する結果が宗教的安心となる。哲学はどこまでもこの要求の内にあり、この要求の外に出ることが西田における「宗教」を意味する。哲学の思惟は、この要求の外が宗教的境位であると考えることによって、それ自身がこの要求の内にあることを知る。究極統一の要求の消尽点は、哲学の思索の至り得ないところであっても、哲学の思索を導くものである。その導き方は、西田の中期と後期とではやや異なっている。中期の思索に対しては、絶対無という消尽点はいわば逃げ水のように向こうに見え続けるものであるように思われる。後期の思索は、徒競走の比喩で言うと、ゴールに到達するとそのゴールを向こうに押しやる、そこに到達するとまたゴールを向こうに押しやる、そのような思索の仕方をしているように見える。西田は自らの根本的思想に到達したと確信した後でもまだゴールに到達したとはせず、なお走り続ける。哲学であることを維持するため、要求の消尽点は哲学に内化されたように見える。

究極統一を求めることは、決して、神の全知を求めるというようなことではない。求められるのは統一であり、哲学の知としての統一であるかぎり、前面に顕れるものと背後に隠れるものとが必ず出てくる。ただし、それは相関するもののどれをとるかというようなことではなく、見るべきものは何かという問いによって起こる取捨である。同じ土俵の上に置かれるからこそ、何かが見えなくなることで、初めて見えるようになるものがある。

このような知の追求には大きな危険がある。全知を求め全知を達成するかのように錯覚する危険や、知に階級をつけて或る種の知を切り捨ててしまう危険、何かを原理として立ててそこから体系を組み立てることで一切を見渡したと思ってしまう危険などがつきまとう。西田の場合、特に後期の絶対矛盾的自己同一や行為的直観などの思想はまさに統一を究極まで押し詰めたものであるだけに、あらゆるものがそれによって説明できる呪文のようになってしまう懸念がある。このような知のあり方には常に自戒が必要である。しかし、哲学の究極統一の要求は、この要求に消尽点があると知ることによって健全なものであることができる。その意味では、この哲学は宗教との伴走を必要とする。その場合の宗教とは、仏教やキリスト教や神道などの歴史的な諸宗教ではなく、そのような諸宗教を宗教たらしめているものを指す。

究極統一の要求は「如何に生きるか、如何に死ぬか」という問いと同じ広さと同じ深さをもっている。この要求が、生死の問いを哲学の最も根本的な課題とするのである。

注

1　第二章注で西田の「意識の空間」がメルロ＝ポンティの「身体空間」の考え方と通じていることを指摘したが、身体にロゴス的機能があるとする考え方は意識の捉え方と不可分だと思われる。

2　西田の「種」が、田邊元の「種の論理」の影響下にあることは確かである。「種の論理と世界図式——絶対媒介の哲学への道」（一九三五年）では、種の論理が絶対媒介であることを論じている。即ち、論理は推論的であることをその本質とするが、推論は概念による判断の媒介である。判断は繫辞の論理であるが、繫辞は主語の存在と述語の概念との同一を意味しない。概念に対する否定態としての存在が概念と否定即肯定的な統一をなすこと、論理は論理に対する否定としての現実の非合理性を媒介とする絶対否定的統一であること、これが繫辞の内容をなす。この繫辞が絶対媒介を表しているというのである（『田邊元全集』第六巻、筑摩書房、一九六三年、一七八頁）。この考え方が、西田の述語的論理の考え方に対する真っ向からの批判であることは明らかであろう。

3　「矛盾的自己同一的に形成的なる所、行為的直観的なる所に、我々の個人的生命があるのである、真の自己があるのである。我々はそこに絶対矛盾的自己同一として、我々に生死を問うものに対して居るのである」［九・一九〇］。「私は個物はいつも絶対矛盾的自己同一即ち自己の生死を問うものに対するというが、生死ということが個物の個物たる所以でなければならない」［九・一九一］。

4　「平常底」の語は「平常心是道」という禅語に由来するものである。趙州が南泉に「如何是道」（道とはどのようなものか）と尋ねたのに対して、南泉が「平常心是道」（普段と変わらない心が道である）と答えたという。上田閑照（一九二六―二〇一九年）によれば、「平常底」は「平常心」を基にした西田の造語であろうとのことである。

5　「操作」という語は、物理学者ブリッジマンの提唱した操作主義という理論に由来している。ブリッジマンは科学的概念を規定するのに、その概念の内容によるのではなく、その概念に到るための具体的な操作によるべきであると主張した。

6　G. W. F. Hegel, *Werke in 20 Bänden, Werke 18: Vorlesungen über Geschichte der Philosophie I*, Suhrkamp, Frankfurt am Main, 1971, S. 288.『ヘーゲル全集11　哲学史　上巻』、武市健人訳、岩波書店、一九三四年、三二七頁。

7　ここで西田が神という語を用いたり、禅語を引いたりしていることには注意が必要である。その態度には現代から見ると少し不用意なところがあり、宗教的表現に対する懐疑がない。しかしそうかと言って、参照している宗教的言説に信順しているわけでもない。西田は宗教的言説に対してある距離をとっており、自分の思索の材料として扱っているように見える。それは、哲学的言説や諸科学の知見に対するのと共通の態度である。その意味で、西田自身は絶対矛盾的自己同一を神と見なす立場に立っていない。

8　G. W. F. Hegel, *Grundlinien der Philosophie des Rechts. Gesammelte Werke*, hg. von der Rheinisch-Westfälischen Akademie der Wissenschaften, Bd. 14, 1, F. Meiner, Hamburg, 2009, S. 201.『ヘーゲル全集9b　法の哲学　下巻』上妻精他訳、岩波書店、二〇〇一年、四二六頁。

終章　現代世界における哲学と生死の問題

1　西田哲学が喚起する問い

本書では、できるだけ西田の叙述に従って忠実に読み解いていくことを目指した。そこには、西田がその強靭な思索力によって紡ぎ出した成果としての思想ではなく、その思索の動態において示されるものを取り出したいという意図があった。その結果見えてきたもののなかで、現代的な視点から見た際立った特徴は、西田の思索が究極統一の要求に貫かれているということである。それ故、ここでは究極統一の要求と生死の問題に的を絞って、西田におけるこの要求の意義と、現代の私たちにとってのその要求のあり方を考察してみたい。そして、それがどういう問いを喚起するか、私たち自身の思索の課題を探ってみたい。

2　西田はなぜ究極統一を求めたのか

西田の究極統一の要求は宗教的要求と同じものと考えられるが、哲学の中に同じ要求を見て取る背景には、彼の生きた時代の情況がある。西田が生きたのは、日本が西洋文明を急激に取り入れて近代国家への道を歩み始め、いくつもの戦争を経験することになった激動の時代であった。西田は、一方で東洋の精神的伝統を強く意識しながら、他方で西洋の優れた学問・技術に魅せられていた。東洋思想と西洋文明との対立が自己自身のなかで分裂を引き起こし、それを克服しなければ自らのアイデンティティを確立できないという危機感は、当時の日本人が共通にもっていたものだと考えられる。そのかぎりでは、西田が目指した統一は東洋の精神的伝統と西洋の学問・技術との統合という側面をもっていたと言えるであろう。

そして、近代科学の成果に面して哲学の学問性が根抵から問い直される状況のもとで、西田は知をあくまで論理というところで捉えようとした。知を論理というところで押さえるということは、真なるものを体験上の真実などに留めるのではなく、学問的な真理として追究することを意味する。逆に言うと、西田は近代の諸科学の発展を生死の問題の中で考えようとしたと解してよいであろう。それは、西田の時代以上に、現代世界において大きな意義をもっている。

もう一つ付言しておきたいのは、究極統一を求めることは、ヨーロッパの哲学が潜在的に持ち続けてきた始原へと還ろうとする動きとは逆の方向性をもっている点である。ヨーロッパ世界では常に、芸術・文化・学問の始原として古代のギリシア・ローマへの憧憬が見られた。西田が『善の研究』の時期から統一ということを追い求めたのには、東洋の思想伝統の中にある一性への深い指向も関係しているであろう。だが、その一性は、西田においては釈尊にせよ、老荘・孔孟にせよ、自分たちの精神的伝統の始原に還ることでは達成され得ないものであった。世界に複数の精神的伝統があり、その複数の伝統が現在の自分たちの生活環境を形成するものになっているかぎり、始原に還るということでは足りない。西洋科学技術文明が外から押し寄せてきて、自分たちの土着の文化的・宗教的伝統との乖離を切実に経験する人々は、そのことをよく知っている。

西田は西洋由来の哲学を自分のものにするために、絶えず古代ギリシアの哲学を参照する。それは、ニーチェやハイデガーがソクラテス以前の思想へと回帰するのとは別の意味をもっている。西田にとって、哲学の始原は参照すべきものであって、求めるべきものではない。始原を求める者の視線は過去へ向かうが、統一を求める者の視線は基本的に将来に向かう。西田の思索の中にある、この将来への視線を、見逃すべきではない。

3　真理を棲み分ける現代世界

西田の考えでは、自覚の場は経験によって次々と更新されるものである。現代世界を生きる私たちの自覚の場はどのようなものであろうか。私たちは、西田の思索を承けて、絶対矛盾的自己同一の現在に究極の統一を見ることができるであろうか。

それを考察する前に、東洋と西洋という対比について述べておきたい。西田の時代にはこの対比は大きな意味をもっていたであろうが、現代の私たちにとって東洋と西洋という対比はむしろじゃまになる[1]。私たちの思考を最初から規定する枠組みとなってしまうからである。西田の時代の東洋と西洋との対比は、現代では、地域の伝統的な思想文化と近代以降世界中に伝播した科学技術文明との対比として理解した方が生産的である。その対比は地球規模で広がっていて、ヨーロッパ地域すら例外ではない。ヨーロッパ地域では、公的領域から宗教が排除され宗教の私事化が進むという、いわゆる世俗化が逸早く進展した。伝統的な宗教文化と科学技術文明との対立は、世俗化した世界において共通に当てはまる現象である。

統一が求められる状況をこのように理解したとき、科学知を含めた知識論に基盤を置く西田の絶対矛盾的自己同一の現在という考え方がきわめて現代的な意義をもち得ることがわかるであろう。つまり、西田は生死の問題を学としての哲学の地平で追究することによって、科学の知をその全体において生死の問題の俎上に乗せることを可能にしたのである。

近代科学技術は、私たちの生活世界を根底から変質させてしまっており、私たちの社会生活における、科学の知の真理としての地位は揺るぎないものとなっている。確かに西田が言うように、科学の知は主客の関係を前提として成立するものであり、無に差し掛けられているのかもしれない。あるいはよく言われるように、科学は限られた知見をもたらすだけで、その知見は新たな研究によってすぐに書き換えられるような暫定的なものに過ぎないのかもしれない。しかし、そのようなことは、いま私たちが科学とテクノロジーによって変容された生活世界を生きているということを、否定するものではない。私たちは電気・ガス・水道の整備された建物に住み、自動車や電車や飛行機で移動し、プラスチック製品で包装された食品をインターネットで注文して配送してもらい、パソコンで仕事をし、スマホで連絡を取り合う。このような生活の知的基盤は科学とテクノロジーであり、その意味で、科学とテクノロジーこそ根本的な意味で生きられる真理となっている。この変化は近代において少しずつ進行してきたが、二十一世紀の今日、決定的な段階に到っている。

　科学の知は私たちの環境を変えただけでなく、私たちの行為や判断を規定するようになっている。それは、公的領域での政策決定や将来構想などといった場面だけではない。私がどのように判断しどのように行為すべきか、どのように生きどのように死ぬべきか、ということが、現代世界では科学と無関係であることはできない。二酸化炭素の排出量が増えて地球温暖化が進行していると言われるとき、便利なガソリン車を買うか、長時間走れないが走行中に排気ガスを出さない電気自動車を買うか、私は選択をしなければならない。自分の死が迫ったとき、延命治療を受けて可能な限り長く生きる努力を続けるのか、それとも延命治療を拒否してより自然な死を迎えるのか、私はその選択をしなければならない。いまや私たちの日々の倫理的行為も人生の決断も、科学的知識を基礎にしてなされる。そればかりではない。現代世界では信仰の決断や哲学的課題についても科学がその前提となり、その真理性を支えている。科学こそ根本的な真理性をもつ知識として、私たちの日々の生活において生きて働いていると言わなければならない。それは私たち一人ひとりの意志の問題ではない。生活形態の物理的な変化と生存環境の変容が、私たちの経験のあり方を根底から変えているのである。

　しかし、私たちの生活の中でどれほど科学的真理が支配的となろうと、そこに生きる意味を求めることはできない。科学の知は、生死の問題に関わらないことによってその真理性が保証されるという性格のものだからである。それ故、生死の問題に関わる宗教は真理の領域から排除される。あるいは別の種類の真理という仕方で命脈を保つことになる。ここに起こるのは真理の棲み分けである。人々は科学と宗教とは別の次元の事柄だと、意識的あるいは無意識的に考えることで折り合いをつけてきているように見える。この世の真理とあの世の真理、公的な事柄と私的な事柄というような区別も、棲み分けの形に入るであろう。注意しなければならないのは、このような棲み分けができるのは世界観のレベルだという点である。宗教的世界観と科学的世界観とは対立していて、どちらかを選ばなければ安住できないと思われるかもしれないが、案外そうではない。西田が言うように、世界観というのは究極の境位ではないからであろう。西田の「場所」の考え方では、科学的世界観と宗教的世界観とが対立するということは、二つの世界観が共に於てある場所というものが考えられているからであり、両者を越えて包むその場所へと出ていかなければならない、このようになるはずである。日本人の多くが科学的世界観と宗教的世界観を平気で行き来しているのは、無意識にそう思っているからかもしれない。

　そうであるなら、絶対矛盾的自己同一の現在に究極の統一を見ることは、現代世界でも妥当だということになるのだろうか。西田の思索はいまなお十分な意義をもち、それを私たちはそのまま受け継げばよいのであろうか。そうと考えるとしたら、それは西田の思索を十分に理解していないことになる。異なる世界観が共に於てある場所へと越えていくところでは、そのような棲み分けはあり得ないからである。究極統一を求めるということは唯一の真理を求めるということである。この局面ではこちらの真理を生き、別の局面ではあちらの真理を生きるなどということは、そこでは許されない。それを告発するものこそ絶対矛盾的自己同一の世界である。

　現代では、歴史的諸宗教の立場でこのような問い質しをすることは非常に難しい。現代のグローバル化した社会に住みながら、固有の宗教的世界観をもつことは、この棲み分けを余儀なくさせるからである。棲み分けをするということは、自覚すると否とを問わず、究極統一の追求から下りるということである。棲み分けという態度の不徹底さを明らかにするのは、宗教に組み込まれざるを得ない種類の歴史的制約を離れた哲学の役割であろう。それと共に、現代世界では棲み分けが不可避であることも、哲学の立場から見えてくるはずである。

4　現代に於ける究極統一の要求の在り処

しかしこのような形で、西田の絶対矛盾的自己同一の現在に究極統一を見ることができるか、と問うていくこと自体が、西田の生成する論理の力がもはや失われていることを示すと言わざるを得ない。生成する論理の力は究極統一の要求によってのみ、生き生きと発動する。究極統一の要求が失われたとき、西田の論理はもはや動かない。

西田の思想が私たち自身の生成する力を揺り動かすのは、その生成する論理の力に私たち自身が参画することによってである。それは、出来上がった彼の思想を用いて現代世界の諸事象を分析したり直面する問題の解決策を探ったりするのとは、別の事柄である。出来上がった思想としては、西田哲学は増築に増築を繰り返してもはや迷宮となってしまった壮大な建築物のようなところがある。それだけを見るなら、その思想は過去の壮麗なモニュメントに過ぎない。

西田の思想は、それを西田に生成させ続けた内的要求によって生きたものとなる。その意味では、絶対無の自覚や絶対矛盾的自己同一の思想は、整合性がないとか論拠が弱いなどの理由で廃棄される性格のものではなく、形骸化することで思想としての力を失ってしまう性格のものである。絶対無の自覚は究極統一の要求によって息吹を吹き込まれる。

しかし、究極統一の要求が無くなるということは、まさに西田が哲学の至り得ない宗教的境位と見なしたものではないのか。現代世界における究極統一の要求の消失は、私たちの進歩を意味するのではないか。そうではない。究極統一の要求は私たち一人ひとりの手元から無くなったのであるが、現代世界から無くなったわけではない。現代世界で究極統一を追求しているのは、個々人ではなく、一体となった科学とテクノロジーである。科学的知識は、西田が考えたような絶対無の場所を究極とする知の体系から大きくはみ出して、テクノロジーという形をとって私たちの生活世界を根底から変えている。

科学とテクノロジーは爆発的な勢いで知識を拡大し、驚くべきスピードで私たちの生活環境へと浸透している。科学的に解明された知見こそ他の学問分野の知見よりも真理性が高いという共通の理解のもとに、科学はこれまで科学によって明らかにはならないとされてきた領域をどんどん呑み込んでいっている。一切が科学の知によって包摂されようとしている。哲学の領域でも自然主義が支配的になっていくのは理由のあることだと思われる。

知識の拡大ということはいかなる種類の知にも内包された動向であり、それだけでは、科学は西田の言うような自覚の体系をはみ出るものとはならないであろう。テクノロジーが科学的知識を人間の欲望や願望と結びつけて、政治、経済、文化、芸術などあらゆる分野を巻き込み動かしてきたことが、生活環境への浸透の度合いを格段に高めてきたと考えられる。科学とテクノロジーを欲望や願望と結びつけていったのは、資本主義である。資本主義はあらゆる欲望を解放し、それらの欲望は科学の〝知りたい〟という欲望、テクノロジーの〝できるようにしたい〟という欲望と手を取り合って肥大化していく。その結果、現代世界では、科学とテクノロジーは私たちの経験を構成する条件として、経験の中に組み込まれている。そしてそれらは、単に組み込まれているだけでなく、私たちの経験への支配を日に日に強めている。その支配を倫理規定や法制度などによって制御することは、おそらく構造的にできないであろう。倫理規定や法制度は常に立ち遅れ、制御の具体的方策は科学的データに基づきテクノロジーに依拠して実施されなければならないからである。大地震や新型ウィルスなどの自然災害が猛威を振るうと、私たちは現代文明の脆弱さを思い知ることになるが、どのような自然災害に対しても現代文明がそれに立ち向かう武器は結局のところ、科学とテクノロジーである。抑制を失った科学は単に〝知りたい〟のではなく、〝あらゆることを知りたい〟と欲し、制御を失ったテクノロジーは単に〝できるようにしたい〟のではなく、〝あらゆることをできるようにしたい〟と欲する。

科学の知は、現代の私たちには西田が論じた頃とは根本的に違った形で見えている。かつては、科学の知は特定の方法的立場に立つ限定された知識であり、それ故に不完全で暫定的で断片的な知識だと考えられてきた。そのような知識をいくら積み重ねても、部分的統一に達することはあっても、決して究極統一には達しないはずであった。確かに、科学の知は常に反論や修正に開かれている。もしかしたら、科学の知の不完全性は本質的なものなのかもしれない。

しかし、そのような暫定性、不完全性は、科学が究極統一を目指す妨げにはまったくならない。不完全で暫定的な知識であることは、むしろ、科学の知を私たちの経験における自己超越の要求に反応しやすいものにするように思われる。科学の知そのものに自己超越の要求が内包されているわけではないが、科学はテクノロジーと結びつくことで人間の生活環境を改変する力となり、人間の経験が蔵する自己超越の動性のなかに入り込んでしまっている。科学と結びついたテクノロジーは、西田が論じたような技術とは異質のものになって、人間の手仕事の世界からますます遊離してしまっている。さらに資本主義が科学とテクノロジーの進展に人間の欲望という動力を組み込むことで、科学とテクノロジーの可能性を極限まで追求するシステムができあがった。もしこれから資本主義とは別の経済体制に移行したとしても、欲望の形が変わるだけで、このシステムは決定的な破綻に到るまで基本的に変わらないであろう。

もちろん、科学とテクノロジーの可能性の追求は、このような巨大な形で初めて姿を現すというわけではない。個人の日常的な行為として起こることである。自己の不完全性の自覚が自己をより完全なものへと高めてゆこうとする努力に発展するのと同じように、科学の知の不完全性は生活環境をより完全なものにしようとする努力へと発展することができる。あるいは、病気を予防し、知能を高め、社会をよくし、生活を楽しくする努力へと発展することができる。

科学とテクノロジーが究極統一の要求に動かされているということは、この要求が人類に共有されるものとなったことを意味するように見える。それは大いに喜ばしいことではないのか。実はそのように考えてしまうところに、大きな落とし穴がある。この要求が人類に共有されるとしても、決して人類はこの要求の主体ではない。差し当たって要求の主体は、過去、現在、未来にわたる科学者共同体であるように見えるが、その段階では、統一要求は、物理学者が物理学の統一理論を発見しようと意欲するというような形にとどまる。この要求は個々の科学者の知的好奇心を突き動かし、科学的探究を促す。しかし、科学がテクノロジーの形をとって経済活動や社会活動と結びつくと、統一要求の主体は地球上のすべての人間たちへと一気に広がり、求められる統一の次元は一挙に上がる。たとえ昔ながらの生活形態を維持して、先祖伝来の儀礼を守って暮らす人々でも、既に人工的に改変された地球環境に置かれているのであり、当人の意思に関わらず、科学における究極統一の要求に参画していると言わねばならない。それなのに、地球上の如何なる人間もこの要求を引き受ける主体ではない。個々の科学者はどれほど才能豊かで、どれほど良心的であっても、この要求を引き受けることは困難である。この要求は、科学者たちの知的好奇心の背後に深く隠れ、知られない。科学とテクノロジーにおける究極統一の要求の主体は、この要求それ自体である。

人間が究極統一の要求の主体でないということは、この要求が生死の問いと結びつかないということである。この要求は自覚の場を追求することはなく、したがって終わりはない。このような統一要求の在りようの果てに人工知能の世界がある。究極統一の要求は一人ひとりの個人から簒奪されるだけでなく、人間そのものから簒奪される可能性が育ちつつある。この要求は人類から遠く離れたところで勝手に動き回り、人工知能の世界が自己自身を自ら構築していく動力となるかもしれない。

5　自覚の場の空洞化と哲学の可能性

現代における生死の問いは統一要求から切り離されたことで、大きく変質している。現代の科学とテクノロジーは、生死の問いを個人的な問いではなく、人類的な問いとしたと言えよう。「生れる」ということを宇宙における生命の起源というレベルで考えることは、現代の私たちには自然なことになりつつある。その後の科学とテクノロジーの進歩は人類と地球の滅びの可能性が原爆や水爆以外にも実にさまざまあることを痛感させてきた。「如何に生きるか」というだけでなく、「如何に死ぬか」ということが共に問いの地平を形作らなければならないのは、個人以上に人類にとって切実である。「如何に死ぬか」という問いは、「どのように滅びてはならないのか」という問いにほかならない。

生死の問いが人類的なものになるのと並行して、個人的な生死の問いは次第に小さなものになっていく。意志の発動が脳の電気信号として理解され、細胞の遺伝子情報をもとにして個人の資質や能力が考えられるならば、人格や自己というものはどんどん軽く小さくなる。自分の存在を自分で決めるという自己自身の意志への信頼度が低くなっているとき、生死の問いは、私はいま生きているという充実感や自分の人生の満足度程度の事柄へと矮小化されていく。生の充実感や人生の満足度を決して軽く見ているわけではない。それらはすべての人間にとって重要な事柄であり、感傷的な自己反省や自虐的な自己批判などの及ばない深いところで問われる人生の問題であると言えよう。しかし、西田に倣うならば、哲学はその人生の問題をさらに深く掘り下げて、問いの射程を究極まで伸ばすことを課題として引き受けなければならない。「私にとっての真理」はいまだ真理ではない。それにもかかわらず、現代世界での私はもはや西田が論じたような堂々たる個物ではあり得ない。生死の問題は唯一的な個としての私の問題であるからこそ、普遍的な課題なのである。ここで私たちの置かれている窮境が見えてくる。現代の科学とテクノロジーの状況は、自覚の場の意義を改めて感じさせる。

西田は究極統一の要求を大いなる生命の欲求と考えている。それは美しく豊かな世界を作り上げる動力となり得るが、同時に世界を破壊する動力ともなり得る。生命の欲求であるということは、それが私たちを動かすのであって、私たちがそれを動かすのではないということである。私たちはもともとこの要求を制御することはできず、むしろこの要求に動かされるものである。この要求の制御というのは、それに引きずり回されなくなるという程度でしかなく、この要求を飼いならすことなどできない。

西田が、究極統一を求めることが哲学と宗教の目的であるとしたのは、この要求の暴走を抑え、危険を回避することが哲学と宗教の役割であると考えたからだとも言える。この要求を正しく知り、正しく従うことが、この要求を生かし、この要求に生かされることであろう。歴史的諸宗教は歴史のなかで高い代償を払って、宗教的要求として現れるこの欲求を暴走させない術を学んできた。哲学も、この要求を捉え損なってイデオロギー化を許したとき、同様の危険に陥ることを学んできた。

哲学と宗教は、究極統一の要求が私たち一人ひとりの生死の問いと切り結ぶところでその役割を果たしてきた。生死の問いのみが、この要求の暴走を抑えることができる。生死の問いは西田がそうであったように、徹底的に私たちの思索を突き詰めさせる。突き詰める思索は「自己が自己に於て自己を見る」という自覚の場を必要とする。西田が最後まで個物ということにこだわったのは、自覚の場を護るためである。科学とテクノロジーに簒奪された究極統一の要求は、自覚の場に上ることができないでいる。自覚に上らない以上、人々はその要求にただ押し流されるだけである。

人は共同体のなかで生きるものであるから、共同体の構成員であることは個人として自覚的であることを妨げない。しかし、テクノロジーの支配する世界は顔の見えない世界であり、顔の見えない世界の一員が自覚的になる術はない。生死の問いが人類的なものになるとしても、人類に突きつけられた生死の問いは、結局、自己自身に向けられる。しかし、自己はこの問いに向き合うことができない。それは、自己が担い続けるには、この問いが重すぎるから、というわけではない。究極統一の要求を奪われた私たちの自覚の場が空洞化しているからである。

私たちが範をとるべき西田の思想そのものも空洞化を免れてはいない。絶対無の場所は宗教的体験として到達不可能になったのではなく、もはや究極統一の場所では無くなったのである。究極統一の場所では無くなったというこの無は、究極統一の要求が簒奪されたという虚無であり、西田がやったように、弁証法論理というような仕方で論理に取り込むことができない無である。しかし、私たちの究極統一の要求がもはや無いことはこの虚無に映っている。それ故、私たちはそれがもはや無いことを知るのである。ここになお、哲学することの可能性がある。現代哲学の状況を鑑みて、宗教と目的を同じくするこのような哲学の探究を、私は宗教哲学と呼ぶ。

この宗教哲学は一般的には現代の哲学の潮流に逆らうものである。現代哲学では領域の細分化が進み、広い意味で形而上学と呼ばれるものをもはや過去のものと見なす傾向が強い。その流れのなかで独自の仕方で死や人生の意味といった大きな主題を考察するトマス・ネーゲル（Thomas Nagel 一九三七年―）のような思索者も、究極統一を哲学の目的とすることを厳しく退ける。[2] だが、現代哲学は究極統一という目的を放棄することで何を達成しようとするのか。

これまで日本哲学への関心は、日本の宗教的・文化的な伝統のなかに西欧の伝統とは異なるものの見方があるということに向けられていたように思われる。たとえば、日本の循環的な自然観や、生き物のなかで人間を特権視しない人間観などである。そういった関心の向け方を否定するものではないが、そのような西洋中心主義とその裏返しを行き来するような思考の枠組みはいいかげん取り払われるべきであろう。日本という地に根を下ろした後発の哲学の意義は、哲学の原点としての生死の問題を持ち続け、いまなおそれを掘り下げ続けるところにあるというのが私の考えである。

究極統一を目指すことが究極の真なる知を求めることであるかぎり、それは知を愛し求めるという哲学の営みそのものである。宗教哲学はその目的が空洞化しても、その空洞に現代世界における私たちの生死の在りようを映し出すことができる。究極統一は確かに過剰な目的ではあるが、過剰な目的こそ、私たちは何を手に入れ、何を失ってきたかを映す鏡であり得る。どこまで徹底的にそれを映し出すことができるか、それが私たちのなし得る哲学の挑戦であろう。

注

1　サイード（Edward W. Said 一九三五―二〇〇三年）が『オリエンタリズム』を公刊した頃からであろうか、オリエンタリズムおよびオクシデンタリズムという思考様式がヨーロッパ近代における芸術・文化に及ぼしてきた力を無視することはできなくなっている。東洋と西洋とを対比させる考え方は、明治期以降の日本に強く根を下ろし、現代にまで及んでいるが、それは単にヨーロッパ地域の思考様式の反照という以上の意味をもっていたと思われる。

2　ネーゲルは主観性と客観性の対立を考察し、その一方を排除することなく両者を二つの極として認めるべきだとする立場に立って、「生き方についての我々の考えにおいても、また、何が存在するかについての我々の観念においても、私がまちがっていると思うのは究極統一という目的である」と宣言する（Thomas Nagel, *Mortal Questions*, Cambridge [Cambridgeshire]; New York: Cambridge University Press, 1991, p. 213.　トマス・ネーゲル『コウモリであるとはどのようなことか』永井均訳、勁草書房、二〇一六年、三三〇―三三一頁）。

西田幾多郎著作略年表

一八七〇年（明治三年）
石川県河北郡宇ノ気村に生まれる。

一八九四年　二十四歳
帝国大学文科大学哲学科選科を修了。

一八九五年　二十五歳
石川県尋常中学校七尾分校教諭となる。

一八九六年　二十六歳
第四高等学校講師となる。

一八九七年　二十七歳
京都妙心寺僧堂にて虎關禅師の許で半夏大接心に七日間参加。これより長年月にわたり打坐参禅す。

一九〇七年　三十七歳
三月「実在に就いて」を『哲学雑誌』に発表。（紀平正美「実在論の問題」を『哲学雑誌』に発表。）

一九一〇年　四十歳
京都帝国大学文科大学助教授に任ぜらる。「哲学概論」及び「倫理学」（特殊講義及講読）を講ず。

一九一一年　四十一歳
一月『善の研究』を出版。
八、九月「認識論に於ける純論理派の主張に就て」（後に『思索と体験』に所収）を『藝文』に発表。

一九一二年（大正元年）　四十二歳
（高橋里美「意識現象の事実とその意味――西田氏著『善の研究』を読む」を『哲学雑誌』に発

表。）
九月「高橋（里美）文学士の拙著『善の研究』に対する批評に答ふ」（後に『思索と体験』に所収）を『哲学雑誌』に発表。
一九一四年　四十四歳
（阿部次郎『三太郎の日記』刊行。）
（第一次世界大戦勃発。）
一九一五年　四十五歳
三月『思索と体験』を出版。
一九一七年　四十七歳
五月『現代に於ける理想主義の哲学』を出版。
十月『自覚に於ける直観と反省』を出版。
一九一九年　四十九歳
（田邉元、哲学科助教授として来任。）
一九二〇年　五十歳
一月『意識の問題』を出版。
一九二一年　五十一歳
三月『善の研究』再版。
（倉田百三『愛と認識との出発』刊行。）
一九二三年　五十三歳
七月『芸術と道徳』を出版。
九月「直接に与へられるもの」（後に『働くものから見るものへ』に所収）を『哲学研究』に発表。
一九二六年　五十六歳
六月「場所」（後に『働くものから見るものへ』に所収）を『哲学研究』に発表。
一九二七年（昭和二年）五十七歳
四月「左右田博士に答ふ」（後に『働くものから見るものへ』に所収）を『哲学研究』に発表。
十月『働くものから見るものへ』を出版。
一九二八年　五十八歳
京都帝国大学停年退職。

一九三〇年　六十歳
一月『一般者の自覚的体系』を出版。
(田邊元「西田先生の教を仰ぐ」を『哲学研究』に発表。)
一九三二年　六十二歳
七月「私と汝」を岩波講座『哲学』に発表。
十二月『無の自覚的限定』を出版。
一九三三年　六十三歳
二月「形而上学序論」を岩波講座『哲学』に発表。
十二月『哲学の根本問題』を出版。
一九三四年　六十四歳
十月『哲学の根本問題続篇』を出版。
一九三五年　六十五歳
(田邊元「種の論理と世界図式」を『哲学研究』に発表。)
十一月『哲学論文集第一』を出版。

一九三六年　六十六歳
七月「論理と生命」(後に『哲学論文集第二』に所収)を『思想』に発表、八、九月に及ぶ。
一九三七年　六十七歳
五月『続思索と体験』を出版。
十一月『哲学論文集第二』を出版。
一九三九年　六十九歳
十一月『哲学論文集第三』を出版。
一九四〇年　七十歳
三月『日本文化の問題』を出版。
十二月「ポイエシスとプラクシス」(後に『哲学論文集第四』に所収)を『思想』に発表。
一九四一年　七十一歳
九月「国家理由の問題」(後に『哲学論文集第四』に所収)を岩波講座『倫理学』に発表。
十一月『哲学論文集第四』を出版。
(太平洋戦争開戦。)

一九四四年　七十四歳
八月『哲学論文集第五』を出版。
一九四五年（昭和二〇年）七十五歳
四月「場所的論理と宗教的世界観」を脱稿。
五月「私の論理について」（絶筆）を起稿。
六月に鎌倉に於て急逝。
（八月終戦。）
十二月『哲学論文集第六』刊行。
一九四六年
二月『哲学論文集第七』刊行。
十月『西田幾多郎全集』初版の編輯始まる。

［西田については『西田幾多郎全集』第十九巻「西田幾多郎年譜」に拠る。］

あとがき

西田幾多郎の著作を私が哲学のテキストとして読むようになったのは、十年ほど前、上田閑照先生（一九二六―二〇一九年）から『善の研究』についての本を書かないかと勧められてからである。それは『西田幾多郎『善の研究』』（哲学書概説シリーズX、晃洋書房、二〇一一年）として出版に到ったが、その後、私は『善の研究』以後の展開に強い興味をもつようになった。『善の研究』だけではまだ見えなかったものが、そこに示されているように思われたからである。

近年、研究者の間で、西田幾多郎を始めとする日本の哲学者たちの思想が盛んに議論されるようになっている。以前は、日本哲学という語はそれに値する内実があるか、疑問視されることが多かったが、最近は違和感を覚える人は少なくなっている。だが、西田の著作が一般に広く読まれるようになったのはそれより早く、上田先生が一九八七―九年に岩波文庫三冊の『西田幾多郎哲学論集』を編集し、解説付きで出版された頃からではないかと思う。

「機縁と経歴によって私は鈴木大拙を通して西田幾多郎に出会った」と書いておられるように、上田先生の西田との出会いは、先生ご自身の禅の経験と学問的な歩みと深く絡み合っている（『上田閑照集』第一巻、岩波書店、三五一頁）。先生は「西田と大拙を「禅思想と哲学」という世界における生きた立体的な一つの思想体」と見るという独自の仕方で西田を捉えるが、これもまた先生ご自身の思想世界と切り離せない。西田と大拙とが織りなす思想体はそのまま上田先生の思想体であり、三者はそれぞれ固有の仕方でありながら重なり合ってさらなる多元的な一つの思想体を形作る。先生がなされた以上に深く透徹した西田理解を、私は知らない。しかし、これは読み手が禅者であるとともに哲学者であることにおいて初めて可能になる理解である。

私は坐禅をしない。禅者でない私は禅を通して西田の哲学を理解することはできないし、しない。そうであるなら、西田の著作をあくまで哲学として読むよりほかない。西田の著作を純粋に哲学書として読解する優れた論考はすでに数多くある。私はそれらから多くの啓発を受けた。しかし、私の関心が宗教哲学にあるせいか、私にとって上田先生を越えるような西田理解は見出せなかった。それはなぜなのか。そう自問する一方で、先生の「禅は西田において哲学の原理に変身し、それによって伝統的な禅の知らなかった説明の世界に出ることができた、哲学は西田を通ってその原理の探究において従来の西洋哲学とは異なった源泉に遡源することができた」（同書、一三四頁）という主張にも私は納得しなかった。

本書の執筆は、私にとって上田先生との対話のなかでなされたと言える。先生が亡くなられて一年経つが、さいわい多くの著作が遺されている。本来その対話は西田となされるべきであったが、西田の著作は何しろ難しい。私は上田先生とは対極の道をとることにした。一人で先へ先へと行ってしまう西田の思索の歩みにくっついて離れないようにして、とにかく理詰めに読むことを旨とした。西田の禅の実修や個人的な人生の経験を、読解に持ち込まない。どうしてもわからないところは解釈を加えざるを得ないが、それは西田の叙述を理解するための補助線に止める。そういう方針で進んでいくと、いつも後ろ姿ばかり見せていた西田が、ときおり振り向いてくれるような気がしたが、もしかしたら無理やり振り向かせたのかもしれない。西田に立ち向かうには力わざが必要であった。いまはとにかく力尽きたという感じである。

私は過去に西田の思想について、先述の著作の他にいくつかの論考を発表している。それらは本書の内容にいくぶんか関係するが、いまから見ると、修正されるべき点を多く含んでいる。私の意識では、本書はこの二年での書き下ろしに近い。したがって、初出と言うべき論文は、最近公にした次の二点である。

1　哲学と生死の問題――日本哲学の意義と可能性をめぐって　(*European Journal of Japanese Philosophy*, No. 4, 2019)

2　場所の論理と述語的論理　(『西田哲学会年報』第十七号、二〇二〇年)

本書にもまだいろいろ理解の誤りがあるかもしれない。識者の叱正を待つばかりである。しかし、京大を定年退職して二年、残された時間はそう長いわけではない。本書は新型コロナウィルス感染による緊急事態宣言発令中に脱稿した。このあとがきを書いているいま、宣言は解除されたが、危険は去っていない。私たちは電子顕微鏡で撮影されたウィルスの写真を繰り返し目にして、その猛威をリアルに感じる世界を生きている。目に見えないものの存在感を、地球上でこれほど一挙に共有される経験はこれまでなかったように思われる。放射能汚染のときは、はるかに長い時間がかかった。さらに特筆すべきであるのは、ウィルスの脅威への対策として、あらゆる分野で広がりつつあるオンライン化であろう。私たちは日常の多くの時間をインターネット空間で過ごし、カメラを通した映像とマイクを通した音声を「現実」と受け取るようになりつつある。私は以前、ヴァーチャル・リアリティについて考察し、「現実」が深みの次元を失い、間主観的構成の産物以上のものではなくなっていることを論じたことがある（『ニヒリズムの思索』創文社、一九九九年、二〇六―二一一頁)。私たちが生きて働き死にゆく世界のリアリティはこれからどのように変質するのであろうか。そして、テクノロジーによる公開的空間が限りなく膨張するなかで、私秘的空間はどうなってしまうのであろうか。宗教において私秘的空間は不可欠であるのに。考えるべきことは多い。宗教哲学は息の長い思索を要求するから、なおさらである。

本書の索引は、山内翔太さんに作成をお願いした。丁寧に用語を拾っていただいたことに謝意を表したい。また、本書の出版にあたって、私の固くなりがちな文章を読みやすいものにするために、編集の片原良子さんから多くの適確なアドヴァイスをいただいた。片原さんに心からお礼を申し上げたい。

二〇二〇年六月四日

氣多雅子

事項索引

ア　行

愛　170-172, 173n2, 174n9, n10, 175, 251

アガペー　171, 174n9

悪　122-123

意識の空間　54-55, 57, 60-61, 73n8, n9, 74n12, 82, 137, 152, 157, 235n1

一般者

——の——　70, 79, 98, 166, 194

——の自覚的体系　11, 14n5, 72n1, 77-78, 92, 107-108, 110, 132, 141, 143, 146, 150, 166, 191, 207, 209, 216

叡智的——　107, 110, 112, 114-119, 123-124, 129-130, 133-134, 138n5

帰納法的——　68, 70, 80, 105n2

狭義の（に於ける）行為的——　133, 137, 155

具体的——　43-45, 48, 51-52, 63, 65, 67-72, 77, 86, 92, 127, 183, 192

広義の（に於ける）行為的——　133-134, 155

自覚的——　91-104, 107-112, 114-119, 127, 134-135, 207

推論式的——　67-72, 77-81, 86, 98, 105n2, n5, 110, 118

絶対無の——　124-125

抽象的——　69, 91-92, 96, 99, 104, 108, 111

判断的——　68-70, 72, 78-79, 81, 87, 89-104, 107-111, 116-119, 124, 127, 134, 143

否定的——　67, 72

表現的——　131, 133-134, 155, 168

弁証法的——　190-198, 203, 205n5, 208, 210, 215

イデヤ　115-116, 120, 122-123, 126, 131, 133, 137, 138n4, 146-149, 166, 172, 173n4, n5, 203, 221, 231

歴史の——　148-149, 166

映し（す）映される　46-47, 52-53, 60, 94

映す鏡　44-46, 52, 54, 60, 73n7, 92, 125, 147, 251

永遠の今　159-161, 164, 167-168, 177, 180, 183, 188, 203, 210, 214, 228

影像　46, 115-117, 121, 126, 142

叡智的自己　111-112, 115-126, 130-131, 135-137, 139n9

意志的——　130

知的——　119, 131

叡智的世界　110, 115-117, 119-121, 123-125, 129-130, 136, 138n4, 139n9, 147, 225

カ　行
重なり合い　48-49, 52-53, 60-61, 74n12
彼　198, 200-201
究極統一　230-235, 237-238, 242-247, 249-251, 252n2
キリスト教（――神学）　39, 170-171, 173n2, 182, 200, 225-226, 235
繋辞　56, 63, 73n3, 82-85, 185-187, 235n2
形而上学　5, 9, 14n5, 19, 27, 73n4, n5, n6, 74n11, n14, 139n9, 142, 173n2, 231-232, 250
限定
　円環的――　163-167,169, 174n8, 187, 194-196, 201-202, 219
　過程的――　155, 163, 167
　自覚的――　80, 89, 100, 104, 107, 113, 118, 138n8, 142-144, 147-148, 150-151, 153-155, 159-160, 162, 164, 166, 172, 175, 194, 196, 203, 212
　直接――　87, 105n4, 116, 157
　直線的――　163-167, 169, 174n8, 194-196, 202, 219, 229
行為的自己　14n11, 126-131, 133-135, 137, 139n9, 144, 146-150, 165-166, 168, 171, 173n4, 189, 198-200, 205n6, 213, 216-217, 222
行為的直観　216-217, 222, 225, 234, 236n3
合目的的自然　135-137

サ　行
志向作用　97, 102-104, 111-112, 116, 145
志向性　106n6, 111, 124
知って働く　97-98, 100, 104
種　49-51, 64, 190, 213-215, 235n2
宗教
　――的意識　6, 123-124, 225
　――的世界観　125, 142, 224-226, 242-243
　――的体験　125-126, 132, 142-143, 158, 226, 250
　――的要求　25, 225, 232, 238, 249
述語的論理主義　64, 84
純粋経験　10-11, 17-18, 20-30, 32, 34, 40n6, 127, 132, 207, 210, 217
生死　12-13, 37-39, 150, 202, 208, 220-221, 231, 233, 235, 236n3, 237-238, 240-241, 247-251
身体　73n9, 135-137, 150-151, 158, 173n5, 213, 235n1
　――空間　73n9, 235n1
　――的自己　150, 173n5, 213
　叡智的――　136
　歴史的――　213
真理　5-7, 9, 19-20, 24, 27, 30, 34, 38-39, 39n4, 120, 125, 148, 152, 231-233, 238-242, 244, 249
絶対無限の意志　34, 37
即　36, 69, 132, 139n10, 144-145, 154, 157-158, 176, 178, 182, 185-187, 190-191, 197, 201-202,

204n2, 208, 219, 235n2

タ　行
抽象的自己限定　144-145
超越的述語面　66, 68-70, 72, 73n7, 81, 87, 90, 93, 96, 102-103, 109, 118
統一的或者　21
時　55, 57, 67, 71-72, 93, 159-163

ナ　行
内的生命　14n11, 132, 209
ノエシス　110-116, 119-124, 126-129, 131-137, 141, 144-149, 151, 153-158, 160-161, 163-168, 170, 172, 180, 209, 216-217
　叡智的――　129
　意志的叡智的――　122-123
　情的――　120
　知覚的――　128-129
　知的叡智的――　120
　超越的――（――的超越）　119-122, 124, 141, 153
ノエマ　110-115, 121, 123-124, 126-128, 131-134, 136, 141, 144-150, 152-155, 157, 160-161, 163-168, 172, 180, 209, 212, 216
　超越的――　121

ハ　行
媒介者　84-89, 98, 101, 105n3, n5, 157, 191-194, 204n3, 205n4, 214
媒介者 M　191-194, 196, 214-215
媒語　67-68, 70-72, 74n16, 79, 85, 98, 105n5
場所
　――論　85-86, 99
　有の――　46, 53-59, 69, 86, 90, 92-94, 99, 204n3
　真の無の――　53-54, 57, 59, 69, 88, 169
　対立的無の――　54, 57-58, 69, 86
　絶対無の――　86, 99, 107, 123-125, 155, 164, 177-179, 194, 233, 244, 250
非連続の連続　166-168,170-171, 175, 180, 184, 194, 199, 201
プラクシス　217-219, 227
分裂の統一　215-216
平常底　222-223, 226, 236n4
変ずるもの　55, 69-72, 74n10, 79, 162
ポイエシス　208, 217-219, 227

マ　行
矛盾的自己同一　208, 211, 215-216, 219, 220, 222, 224, 227, 236n3
　絶　対　――　207-208, 220-224, 226-229, 234, 236n3, n7, 239-240, 242-244
矛盾的統一　59, 61, 64, 69-70, 72, 105n4

ラ　行

了解　198-199, 205n7
歴史
　——的現在　202, 216, 229
　——的生命　214-215
　——的世界　95, 136, 151, 201-203, 208-210, 213, 216-219, 222, 226-227, 232

ワ　行

私と汝　168, 170-171, 175-182, 185, 188, 190-191, 198-201, 204n2, 207, 216, 224, 232

人名索引

ア　行

アウグスティヌス　159
阿部次郎　4, 13n1
アリストテレス　36, 50, 52-53, 58-59, 73n4, n5, 74n11, n16, 83, 142, 151, 173n2, 210, 217
イエス　6, 174n9
井上円了　8
ヴィンデルバント，ヴィルヘルム　27, 34
上田閑照　236n4
ヴント，ヴィルヘルム　29

カ　行

カント，イマヌエル　27, 33-34, 53, 65, 67, 71, 73n6, 80-81, 105n1, 106n6, 117-119, 130, 138n6, n7, 182, 189
紀平正美　7-8, 14n4
キェルケゴール，セーレン　159-160
倉田百三　4-6, 14n2, n3, 28
高坂正顕　14n8, 230
広州（宗澤）　3
孔孟（孔子・孟子）　238

サ　行

サイード，エドワード　251n1
ジェイムズ，ウィリアム　6, 30
趙州（従諗）　236n4
ショーペンハウアー，アルトゥール　6
ショルツ，ハインリヒ　73n6
親鸞　6
スピノザ，バールーフ・デ　223
左右田喜一郎　11
ソクラテス　12, 14n10, 48, 51, 62, 91, 151, 239

タ　行

高橋里美　10-11, 25-26, 39n1
田邊元　11-12, 14n9, 142, 152, 173n1, 190, 235n2
ディルタイ，ヴィルヘルム　205n7, 211
デカルト，ルネ　18-19, 52, 80-81, 83
デリダ，ジャック　74n14
徳川慶喜　149
戸坂潤　11
ドストエフスキー，フョードル　6
トマス・ア・ケンピス　6
トルストイ，レフ　6

ナ　行

南泉（普願）　236n4
西谷啓治　11-12

ニーチェ，フリードリヒ　211, 233, 239
ネーゲル，トマス　251, 252n2

ハ　行
ハイデガー，マルティン　62-63, 74n14, 189, 239
パスカル，ブレーズ　164, 174n7, 205n5
フィヒテ，ヨハン・ゴットリープ　33-34
フッサール，エトムント　27-28, 106n6, 111, 117, 119
仏陀 , 釈尊　6, 238
ブーバー，マルティン　200
プラトン　12, 14n10, 138n4, 142, 151, 127, 173, 217, 221
ブリッジマン，パーシー　236n5
ブレイク，ウィリアム　6
フレーゲ，ゴットローブ　73n6
フロイト，ジークムント　36
プロティノス　141-142, 152, 159, 173n2
ヘーゲル，ゲオルク・ヴィルヘルム・フリードリヒ　7, 34, 43, 53, 72n1, 73n6, 142, 152, 154-156, 173n6, 212, 223, 227, 236n6, n8
ベーコン，フランシス　18
ヘラクレイトス　211
ベルクソン，アンリ　34, 211

マ　行
マホメット　6
マルクス，カール　231
三木清　11-12
メルロ＝ポンティ，モーリス　73n9, 235n1

ヤ　行
山下正男　73n6

ラ　行
ラッセル，バートランド　73n6
リッケルト，ハインリヒ　27, 34
老荘（老子・荘子）　238
ロイス，ジョサイア　33

著者紹介
氣多雅子　Keta Masako
1953年静岡市生まれ。現在、京都大学名誉教授。日本宗教学会元会長。専門は宗教哲学。1982年京都大学大学院文学研究科博士課程研究指導認定退学。1998年京都大学博士（文学）。2000年より京都大学文学研究科教授、2018年3月京都大学を定年退職。
1992年『宗教経験の哲学』（創文社）で日本宗教学会賞受賞、99年『ニヒリズムの思索』（創文社）、2010年『仏教とは何か』（上田閑照との共編、昭和堂）、11年『西田幾多郎『善の研究』』（哲学書概説シリーズ、晃洋書房）、18年『井筒俊彦の東洋哲学』（共著、慶應義塾大学出版会）など。

西田幾多郎　生成する論理
――生死《しょうじ》をめぐる哲学

2020年7月30日　初版第1刷発行

著　者――――氣多雅子
発行者――――依田俊之
発行所――――慶應義塾大学出版会株式会社
〒108-8346　東京都港区三田2-19-30
TEL〔編集部〕03-3451-0931
〔営業部〕03-3451-3584〈ご注文〉
〔　〃　〕03-3451-6926
FAX〔営業部〕03-3451-3122
振替　00190-8-155497
http://www.keio-up.co.jp/
装　丁――――真田幸治
印刷・製本――萩原印刷株式会社
カバー印刷――株式会社太平印刷社

Printed in Japan ISBN978-4-7664-2690-8